AF493853

LA

FAMILLE

SES DEVOIRS
SES JOIES ET SES DOULEURS

PAR

LE C^TE AGÉNOR DE GASPARIN

TOME PREMIER

SEPTIÈME ÉDITION

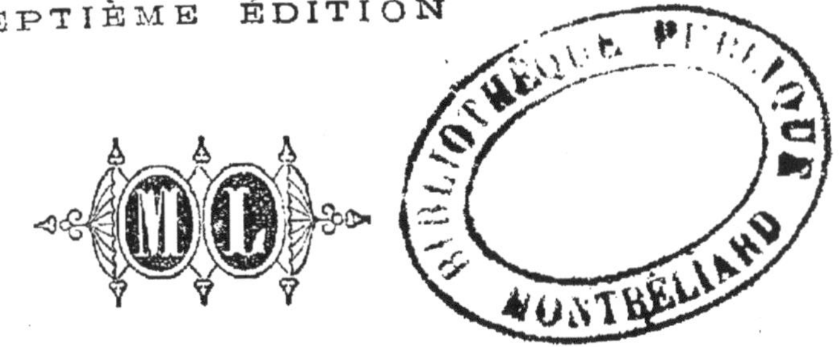

PARIS
MICHEL LÉVY FRÈRES, ÉDITEURS
RUE AUBER, 3, PLACE DE L'OPÉRA

LIBRAIRIE NOUVELLE
BOULEVARD DES ITALIENS, 15, AU COIN DE LA RUE DE GRAMMONT

1872

Droits de reproduction et de traduction réservés

LA FAMILLE

SES DEVOIRS

SES JOIES ET SES DOULEURS

MICHEL LÉVY FRÈRES, ÉDITEURS

OUVRAGES

DE

M. LE C^TE A. DE GASPARIN

Un grand peuple qui se relève, 2e édition. Un vol. gr. in-18.

L'Amérique devant l'Europe. — Principes et intérêts. Un vol. in-8°.

Le Bonheur, 4e édition. Un vol. gr. in-18.

L'Égalité, 2e édition. Un vol. gr. in-18.

La Famille, ses devoirs, ses joies et ses douleurs, 7e édition. Deux vol. gr. in-18.

La Liberté morale, 2e édition. Deux vol. gr. in-18.

La France, nos fautes, nos périls, notre avenir, 2e édition. Deux vol. gr. in-18.

La Déclaration de guerre. 2e édition. Brochure.

La République neutre d'Alsace, 2e édition. Brochure

Appel au patriotisme et au bon sens. Brochure.

Les Réclamations des femmes, 2e édition. Brochure.

Poissy. — Typ. S. Lejay et Cie.

PRÉFACE

Depuis plusieurs années je réfléchis au sujet de cette étude, et plus j'y réfléchis, plus la famille me semble occuper en toutes choses la position dominante. Qu'il s'agisse de politique, d'organisation sociale, de bonheur, de morale ou de religion, toujours la famille reparaît au premier rang; c'est elle, toujours elle, qui tient dans ses mains les solutions.

J'espère le prouver jusqu'à l'évidence, si Dieu me donne la force d'achever les trois ouvrages dont j'ai réuni les matériaux et qui doivent porter les titres suivants :

HISTOIRE DE LA FAMILLE ;
ÉTUDES LITTÉRAIRES SUR LA FAMILLE ;
LA FAMILLE ET LA QUESTION SOCIALE (1).

Mais avant d'écrire ces livres, qui seront un peu faits avec d'autres livres, j'ai voulu me donner la joie d'en écrire un sous la seule dictée de mon expérience la plus intime, de ma foi et de mon cœur. Quelle jouissance d'écarter les notes, de laisser la bibliothèque en repos, de prendre une belle rame de beau papier blanc et de se laisser aller au courant de ses pensées ! Ici ma jouissance a été double, car avant d'écrire j'ai parlé, et quelques-uns des auditeurs bienveillants de mes conférences de Genève reconnaîtront sans doute, dans les pages que je viens leur offrir, la trace de nos libres entretiens. J'ai tâché de m'en souvenir et de retrouver çà et là,

(1) Je me décide à fondre les *Études littéraires* dans l'*Histoire de la Famille*. Les trois ouvrages seront donc réduits à deux.
(Note de la quatrième édition.)

dans le second volume surtout, une partie de mes émotions d'il y a deux ans.

Je vais donc affirmer avant d'argumenter, montrer avant de démontrer. Est-ce permis? Je n'en sais rien et je m'en inquiète peu. Essayons une fois de substituer la synthèse à l'analyse et d'aller tout droit à la contemplation de ce qui est bon, sans passer par l'élimination laborieuse de ce qui est mauvais. Un coup d'œil jeté sur l'idéal nous révélera peut-être des choses qu'aucun raisonnement, qu'aucune recherche historique ne nous aurait apprises.

Je voudrais aujourd'hui présenter au lecteur la famille telle qu'elle doit être, telle qu'elle peut être ; ajoutons, telle qu'elle est, car ces affections profondes, ces nobles félicités, ces saintes douleurs ne sont pas des tableaux d'imagination : je ne décris que ce que j'ai vu et ce que chacun a vu comme moi. Il ne sera pas inutile de nous être arrêtés devant un pareil spectacle, pour interroger ensuite les annales humaines, pour y chercher cette famille-là, et poser ainsi, en face des faits et des idées, des littératures et des lois, des crimes et des misères de tous les temps, les vastes questions que nous sommes appelés à résoudre.

Au Rivage, le 11 février 1865.

PREMIÈRE PARTIE

CE QU'EST LA FAMILLE

CHAPITRE PREMIER

LA FAMILLE

Commencerai-je un livre comme celui-ci par une définition ? Je n'ai garde. Pour cette fois, pour cette fois seulement, entendons-nous bien, je prends l'engagement d'écarter toute pédanterie scientifique. Au lieu de définir la famille, regardons-la.

Deux époux qu'unit un indissoluble lien et qui s'aiment de cet amour unique au monde où tout est passion, respect, pureté ; des enfants élevés à l'école de la tendresse, de l'obéissance et du devoir ; parfois un grand-père, une grand'mère, débris vénéré de l'ancienne famille qui a cherché un refuge dans la nouvelle ; peut-être quelques serviteurs qui sont de la maison et qui le savent, voilà la vraie, la bonne famille, celle qui est rare mais qui existe, et dont nous avons à cœur de parler.

Cette famille se sent une et solidaire; c'est un être, c'est une personne; elle souffre et elle jouit, elle avance et elle recule, elle a une responsabilité collective, elle vit d'une vie commune.

Quelle institution que celle-là! que c'est simple et que c'est puissant ! Les vraies familles font du bien, au jour le jour, sans bruit, par une influence insensible et d'autant plus profonde. Elles nous sanctifient par la joie et par l'affliction ; elles pulvérisent peu à peu notre égoïsme; elles mettent du devoir dans tous nos sentiments et de la douceur dans tous nos devoirs. A qui n'a pas eu de vraie famille, il manquera toujours quelque chose. Ceux qui ont respiré cette atmosphère chaude et saine s'en ressentent jusqu'à la fin de leur vie ; même à l'heure funeste où ils ont renié les traditions du foyer, ils portent en eux un je ne sais quoi, tristesse, regret, remords, ressouvenir, qui les sollicite en secret et leur parle de retour.

Supprimez par la pensée la vraie famille, vous reculerez épouvanté. Il faut que le type subsiste et se maintienne au travers des imperfections qui l'altèrent. Le jour où ce type s'abaisserait, nous tomberions au-dessous du niveau de la civilisation chrétienne.

Alors nous chercherions en vain cet asile où l'amour se purifie, où la pensée de l'éternité se mêle à tout, où la femme prend sa place et son rôle, où la soumission revêt aux yeux de l'enfant l'aspect d'un devoir indiscutable, où le travail trouve son but et son attrait, où chacun enfin se sent dans le droit chemin, dans la règle, et apprend à ne pas séparer la conscience et le bonheur.

Je viens de nommer le christianisme, et le lecteur a compris qu'à mes yeux la vraie famille c'est la famille chrétienne. Est-ce à dire cependant que je refuse de voir partout ailleurs le bien qui s'y trouve réellement?

A Dieu ne plaise! Mais ceci demande une explication.

Ces familles qu'on nous cite et que nous admirons, ces bonnes, tendres et pures familles qui ne sont pas chrétiennes, le sont plus qu'elles n'imaginent. Il y a du christianisme chez M. Cobbett; il y a du christianisme chez M. Jules Simon; le christianisme inavoué qui réside au fond de notre société moderne et qui la fait vivre n'est pas la moins glorieuse part de l'œuvre évangélique. Les vertus des libres penseurs sont une des gloires de notre foi.

D'où vient que nous savons tous aujourd'hui sur la famille ce que ne savaient ni Socrate ni Aristote? D'où vient que l'idée de supprimer la famille, cette idée que la Grèce ne trouva pas trop étrange sous la plume de Platon, provoquerait aujourd'hui une protestation universelle? D'où vient qu'en laissant à part les nations soumises à l'influence de l'Évangile, l'histoire ne nous montre que peuples polygames ou peuples livrés, sans remords d'aucun genre, à une dépravation inouïe? D'où vient que la femme a chez nous une place que l'antiquité entière lui refusait, dans la Chine et dans l'Inde comme à Athènes et à Rome? D'où vient que, maintenant encore, partout où règnent le paganisme ou l'islamisme, les plus simples éléments de la famille sont inconnus? C'est que Jésus-Christ a révélé des vérités magnifiques dont tout le monde profite, même ceux qui font la guerre à Jésus-Christ.

Dans ce sens (dans ce sens seulement) j'aurais pu ne pas distinguer entre la famille chrétienne et celle qui ne l'est point, car toute famille est un fruit du christianisme; en écrivant: famille chrétienne, je fais presque un pléonasme. La famille païenne était corrompue en Grèce, dure à Rome; la famille païenne ignorait l'amour; elle n'avait ni l'épouse ni la mère que nous connaissons; elle n'avait rien de ce qui constitue la grandeur et la beauté de la vraie famille.

Le lecteur comprend maintenant comment il arrive qu'en dehors de la foi vivante au Sauveur il existe de bonnes familles, d'admirables familles. On y rejette l'Évangile, mais on en vit.

L'Évangile latent a une telle action ici-bas, que parfois il est mieux compris, sous plusieurs rapports, par quelques-uns de ceux qui lui obéissent sans le savoir que par quelques-uns de ceux qui font profession de l'accepter. Je connais des familles étrangères à la piété qui sont touchantes par le dévouement réciproque de leurs membres, par le respect, par l'affection, par l'accomplissement simple du devoir. Et je connais aussi, pourquoi ne pas le dire? des maisons pieuses où tout sonne sec. Chacun semble y vivre pour soi; on n'y a appris ni à supporter, ni à se sacrifier aimablement pour les autres, ni à chérir avec expansion; il y fait froid; on n'y a ni gaîté, ni entrain; on vient y soupirer ou y bâiller; on y remplit des devoirs de dévotion qui semblent n'établir aucun lien véritable entre les parents et les enfants, entre les maîtres et les serviteurs; chacun s'y trouve mal à l'aise; aussi chacun s'en éloigne-t-il le plus possible, ardent à chercher au dehors, dans des réunions religieuses, dans des assemblées fraternelles ou ailleurs, ce qu'il n'a jamais trouvé chez soi.

Ah, nous sommes tous gens en route; nul n'est

arrivé. Parmi les hommes qui rejettent l'Évangile il en est qui ont déjà fait quelques pas; parmi les chrétiens il en est qui sont bien peu avancés. Cela ne signifie pas, certes, qu'entre le rejet et l'acceptation de l'Évangile il n'y ait pas un abîme : être ou n'être pas, appartenir à Dieu ou au monde, avoir son trésor en haut ou en bas, voilà la différence. La nouvelle naissance est là tout entière, c'est-à-dire l'humiliation suprême et le suprême relèvement, c'est-à-dire la transformation la plus radicale qui puisse s'accomplir dans un cœur. Toutefois il demeure vrai que tel chrétien est à certains égards au-dessous de tel mondain. Et il demeure pareillement vrai que l'œuvre préparatoire de Dieu se fait parfois sans qu'on s'en doute, que nous avons déjà du christianisme dans nos âmes et dans nos vies à l'heure où nous nous glorifions de ne pas en avoir dans nos systèmes.

Ceci est un encouragement pour tous. Un jour après l'autre, un progrès après l'autre. « Si quelqu'un, disait Jésus-Christ, veut faire la volonté de mon père qui est au ciel, il connaîtra, au sujet de ma doctrine, si elle vient de Dieu ou si je parle de mon chef. »

Essayer de *faire*, c'est une des voies qui nous amènent à *connaître*. Au bout des efforts généreux, Dieu peut mettre des découvertes que nous n'avons ni poursuivies ni désirées. On cherche les Indes, on aborde en Amérique.

Que chacun donc agisse selon sa foi. Parmi mes lecteurs, il en est sans doute qui repoussent la Révélation comme une fable. Que leur dirai-je ? Deux choses : — D'abord, la Révélation n'est pas une fable, mais la vérité par excellence et rien ne vous le montre mieux que l'histoire de la famille. Ensuite, commencez par le commencement ; tout en écartant le christianisme, tâchez de vivre chrétiennement en famille. Je ne vous prends pas en traître, je vous avertis qu'à pratiquer l'Évangile on court le risque d'y prendre goût. L'Évangile finit par se faire aimer des âmes sérieuses ; il vous conduira, je l'espère bien, plus loin et ailleurs que vous ne comptiez aller.

Après ce que je viens de dire, personne ne se méprendra sur ma pensée lorsque j'insisterai sur le caractère chrétien de la vraie famille. S'il y a de mauvaises familles chez les chrétiens, s'il y a de bonnes familles chez les mondains, ce sont là des exceptions qui résultent d'une double inconséquence. La règle est que la famille et la foi chrétienne marchent ensemble, la main dans la main.

Le nom ne suffit pas, il nous faut la chose. Or, comme l'Évangile seul a voulu la famille, et non plus ces associations provisoires et rabaissées dont on se contentait partout avant lui, comme seul il a voulu des affections éternelles, une autorité qui ne fût pas un despotisme, des bonheurs sanctifiés, il peut seul nous fournir le type idéal vers lequel doivent tendre nos efforts.

Sous les toits où règne l'esprit de famille sans que Dieu y ait sa place, j'ai beau faire, mon cœur est serré; il me manque quelque chose. Si forts que soient les liens, le plus fort de tous fait défaut. La famille sans Dieu, est-ce encore la famille? Est-on bien une famille, quand on n'a pas prié ensemble, espéré ensemble, contemplé ensemble la maison paternelle et éternelle?

Nulle part et en rien le fait naturel ne suffit ; il nous faut la bénédiction de Dieu dans nos tendresses. — « Une seule chose est nécessaire; » ah, ce mot de Jésus-Christ, qui revient à la pensée à propos de tout et dont on admire toujours la profondeur, est particulièrement vrai lorsqu'il s'agit de la famille. La famille peut se passer de prospérité matérielle, elle peut se passer des dons de l'esprit et de divers avantages qui contribuent assurément au bonheur; elle ne se passe pas de la chose nécessaire : il faut que son foyer soit un autel, il lui faut la présence de Dieu. Il y a la distance du ciel à la terre entre la famille la plus pauvre, la plus disgraciée, la plus éprouvée, mais qu'unit une vraie foi, et la famille la plus opulente, la mieux douée, la mieux préservée des afflictions et des angoisses, mais qui ne voit rien par delà les horizons terrestres. L'union en Dieu ne se remplace pas ; ce que renferme de meilleur la vie actuelle, c'est d'être le commencement de la vie à venir.

Mon affirmation n'est pas une preuve, je le sais. Certaines vérités se prouvent-elles? Peut-on jamais faire autre chose que dire : voilà ce que j'ai senti, voilà ce qui a répondu aux besoins les plus profonds de mon âme, voilà ce dont je vis, ce qui me rend heureux, ce qui me relève dans mes faiblesses, ce qui console mes douleurs sans les effacer, ce qui grandit et multiplie mes joies; voilà ce qui donne du prix à l'existence, du charme au devoir; voilà ce qui fait qu'on aime mieux; voilà ce qui transforme nos maisons en sanctuaires, ce qui ennoblit les plus minces détails du ménage, ce qui nous apprend (grande et douce science) à nous trouver bien chez nous.

Qui n'en connaît de ces maisons bénies d'où s'échappe comme un rayonnement de paix, d'activité bienfaisante et de bonheur élevé? On sent qu'il fait bon y vivre, car il fait bon en approcher. Ces maisons-là sont ma preuve. Qu'on y regarde de près, on verra que l'Évangile y est à l'œuvre. Et c'est là, non ailleurs, qu'apparaîtra pour l'observateur impartial le beau idéal de la famille.

Vous le niez? Hé bien, avançons. Je ne suis pas d'humeur à discuter aujourd'hui; je préfère examiner avec vous; nous ferons ensemble notre enquête; nous rons nous asseoir ensemble auprès du foyer; nous interrogerons le père, la mère, les enfants; nous les suivrons dans le détail de leur existence journalière; aux heures lumineuses et aux heures sombres, nous observerons ce qui se passe; et, sans avoir rien débattu, sans avoir posé de thèses, nous arriverons, soyez-en sûr, à la même conclusion. Partout où la famille se présente dans sa beauté, partout où la santé morale s'affermit, où l'existence s'offre à la fois sous son aspect austère et sous son aspect charmant, partout où se trouvent réunis le progrès, les luttes viriles, la tendresse, la vigueur, les bonnes gaîtés, les tristesses profondes accompagnées des vraies consolations, le bonheur élevé enfin et le grand apprentissage de la vie, vous verrez que ces gens qui s'entr'aident et qui s'aiment ploient ensemble les genoux.

CHAPITRE DEUXIÈME

LE COUPLE

On peut considérer la famille dans l'acception la plus étendue de ce mot. C'est alors la parenté tout entière, c'est la solidarité par laquelle sont unis tous ceux qui, de près ou de loin, se rattachent aux mêmes ancêtres.

La famille ainsi conçue est un grand fait dont il faut bien se garder d'affaiblir la valeur. A certaines époques et chez certains peuples, ce fait a même revêtu d'une façon plus expresse le caractère d'une institution. Qui ne se souvient de la famille patriarcale? Qui ne sait ce qu'ont été les clans et les tribus? Les clans et les patriarches sont loin de nous; mais sans nous placer en rien sous un régime social qui ne saurait être le nôtre, nous sentons bien (quiconque est animé de l'esprit de famille me comprendra) que la parenté est une chose précieuse, qu'elle impose de réelles obligations, qu'elle apporte avec elle des bénédictions et des jouissances, qu'en la supprimant ou en essayant de la restreindre nous nous appauvririons moralement. Je plains ceux qui, renfermés et comme barricadés dans l'étroite enceinte de leur ménage, deviennent étrangers à ce qui s'étend un peu plus loin. Il y a des affections d'oncles et de tantes, de grands-pères et de grand'-mères, de cousins, d'arrière-cousins peut-être, qui tiennent une large place dans nos vies et qui attendrissent nos souvenirs. Ici, sans doute, la sympathie personnelle joue un rôle essentiel et nous choisissons parmi nos parents; toutefois la parenté a précédé et amené l'attachement plus intime; ajoutons que là où ce sentiment fait défaut, un autre sentiment subsiste. Entre nos parents et nous il y a toujours, quoi qu'il advienne, une communauté indestructible; en tous cas, des notions de devoir restent debout, et malheur à nous si nous portions la main sur ces notions-là!

Cela posé, j'ai hâte de le déclarer, le sujet de notre étude est moins vaste et plus sérieux; au sein de la parenté nous irons chercher la famille proprement dite.

Celle-ci se résume dans le couple; le couple, il faut bien que je prononce le grand mot après beaucoup d'autres, est la véritable molécule sociale. Chaque fois qu'il se fait un mariage, il se fonde une famille; elle sera plus ou moins nombreuse, elle renfermera ou ne renfermera pas des enfants; quoi qu'il en soit, elle existe depuis le jour où un homme et une femme se sont unis.

La Bible exprime cette vérité avec une force saisissante, lorsque, racontant la création, elle nous dit que Dieu « fit l'homme mâle et femelle. » Et qui ne sent qu'il en est ainsi, que l'homme complet, l'homme générique (laissez-moi être pédant encore une fois) se compose des deux époux?

C'est le couple qui a été créé; il n'était « pas bon que l'homme fût seul » et Dieu lui donna « une aide semblable à lui. » Ainsi s'accomplit la pensée divine; et l'homme fut, l'homme mâle et femelle; la terre vit apparaître le premier homme et la première famille.

L'union conjugale a donc été posée, par Dieu lui-même, comme base et centre de la famille. Mariage et famille, cela a été synonyme dès le jour de la création. Et depuis, la famille a partagé fidèlement, exactement, les destinées du mariage. A mesure que le mariage se dénaturait, que la femme perdait sa place légitime, tout s'altérait autour du foyer, l'édifice entier chancelait, ébranlé dans ses fondements. Plus tard, lorsque Jésus-Christ est venu, comment a-t-il restauré la famille? En rétablissant le mariage tel qu'il avait été fondé en Éden. Et aujourd'hui encore, selon que le saint mariage est conservé ou dénaturé, la famille subsiste ou s'efface au sein des sociétés humaines.

Ce n'est pas dans ce livre-ci que je compte aborder l'histoire du mariage et de la famille; mais leurs destinées identiques et inséparables m'ont si vivement frappé, que je n'ai pu m'empêcher de signaler dès à présent le résultat d'une longue étude.

Voilà pourquoi j'insisterai sur le mariage. La famille est ce qu'il est. En vain nous entretiendrions-nous plus tard des devoirs de la famille, si nous ne commencions par veiller sur sa constitution. Pour toutes choses les débuts importent; ici ils sont presque toujours décisifs.

Et nous avons en nous un instinct qui nous dit tout cela. Quel jeune homme, dans ses rêves dorés, n'a entrevu le mariage comme un idéal? Il est un âge, je le sais, où trop souvent, pervertis par les sottes et plates traditions d'un certain monde, nous nous faisons de tout autres idées, où nous devenons sceptiques, ironiques, défiants, où l'amour conjugal nous semble au-dessous de nous, où nous dédaignons les félicités du pot-au-feu; mais, j'en appelle à quiconque a conservé la mémoire de ses plus fraîches aspirations d'autrefois, nous avons commencé par mettre sur cette carte du mariage nos meilleures chances d'avenir.

Nous ne nous trompions pas; ou plutôt, nous ne comprenions pas assez alors à quel point nous avions raison de penser ainsi. Tel mariage, telle famille;

telle famille, telle vie, voilà la vérité, neuf fois sur dix. Du mariage, s'il est bon, il sortira beaucoup plus de bien qu'on n'oserait le croire; du mariage, s'il est mauvais, il sortira non moins de mal.

Que c'est solennel : commencer ensemble l'existence définitive! fonder ensemble une famille! Il y aura des luttes; nous soutiendrons-nous l'un l'autre? Il y aura des épreuves et des joies; les mettrons-nous en commun? Nous encouragerons-nous dans la voie du devoir, dans le combat contre le mal, dans cette éducation progressive qui est le programme de toute vie d'homme ici-bas? Deviendrons-nous meilleurs? Les vraies joies habiteront-elles notre demeure? Dieu y sera-t-il avec nous? Questions immenses, qu'on doit résoudre, qu'on peut résoudre, pourvu qu'on les pose dans leurs véritables termes.

Mais comment les pose-t-on? Comment se font les mariages? C'est effrayant, effrayant de légèreté, de cruauté, de folie.

Ici j'aurais beau jeu pour décrire. A quoi bon? Ce

tableau a été peint cent fois, et personne ne dit qu'il ne soit pas ressemblant. On se récrie sur les mariages de position, sur des mariages d'argent, et l'on court en négocier à son tour. C'est un mal, un scandale, voilà qui est convenu; quant à s'engager dans une autre route, bien peu de gens semblent y songer.

Et cependant, il est si simple, si évident, l'ordre suivant lequel se rangent les conditions d'un bon mariage! Il ne s'agit que de transposer les rangs fixés par l'usage. Quiconque aspire à un bonheur élevé ne s'y trompera pas.

Le mal est qu'on aspire à un bonheur rabaissé. Cette ignoble question d'argent que nous rencontrons partout aujourd'hui, qui fait le nœud de nos romans, le ressort de nos pièces de théâtre, occupe naturellement la première place dans nos préoccupations matrimoniales. Et ceci n'est pas le fait des grandes villes seulement; c'est le fait des villages, des campagnes; citadins ou paysans, riches ou pauvres, nous suivons tous le courant.

Ce qui m'épouvante, c'est que les futurs époux,

à cet égard, ne sont pas plus romanesques que leurs parents. Au contraire, si la poésie s'est réfugiée quelque part, c'est chez les vieux ; parfois ils trouveraient volontiers, eux, qu'un peu d'amour ne serait pas de trop et que l'inclination serait chose à considérer à côté de la position et de la dot. Quant aux jeunes gens, et j'ose à peine le dire, quant aux jeunes filles, il arrive habituellement, dit-on, que leur ambition de cœur ne va pas au delà des gros revenus, des hautes relations, du nom, en un mot, de la situation sociale.

Je voudrais me tromper. Je sais qu'il y a des exceptions et j'en connais ; cependant la règle générale subsiste.

Irai-je prétendre que la fortune n'est rien, que la situation sociale n'est rien ? Assurément non. Parmi les conditions du bonheur à venir d'une famille, les ressources matérielles ont leur place. Il importe aussi et encore plus, que deux époux appartiennent à la même société, qu'ils aient reçu la même éducation, que leurs familles occupent un rang à peu près semblable ; l'unité harmonieuse de la nouvelle famille aurait à souffrir de disparates par trop sensibles.

Le beau idéal pour moi, je le déclare (à ma honte peut-être), ce ne sont pas les rois épousant des bergères; mais c'est encore bien moins la négociation d'un mariage par les notaires des deux familles, négociation suivie de quelques visites sans conséquence et aboutissant à un affreux contrat où l'on a soin de se traiter d'avance en ennemis. Vous donnez votre fille, bien ; quant à votre bourse, c'est une autre affaire : ici, vous amoncelez les précautions, vous vous efforcez de faire du mariage une demi-séparation ; les époux seront des associés, rien de plus. Ne faut-il pas que cette précieuse fortune soit sauvegardée, et qu'importe si l'état de guerre inscrit dès le premier jour au contrat s'introduit par la brèche que vous avez faite dans la vie entière de la famille ?

Cette façon de faire les mariages, en bouleversant toute la hiérarchie des conditions, a des côtés particulièrement hideux. Comme c'est le monde renversé, comme les considérations essentielles occupent la dernière place, il devient aisé de donner une jeune fille à un vieillard, ou du moins à un homme usé, qui n'a plus d'illusions et qui veut « faire une fin. »

Et l'on appelle cela un mariage! Et c'est une famille que l'on prétend fonder ainsi! La femme, ici, ne saurait être pour son mari cette aide « semblable à lui » dont parle l'Écriture; elle sera sa fille, si l'on veut; elle ne sera pas sa femme dans le sens magnifique de ce mot. Les relations qui s'établissent de la sorte, avec une différence de dix, de quinze années peut-être, ne sont, à part des exceptions très-rares, que des relations d'une nature fausse : le mari est alors un père, sa tendresse devient protectrice; pour sa gracieuse compagne il sera faible, même passionné; mais, le grand amour, le pur amour des époux qui sont entrés d'un même pas dans la vie commune, qui ont commencé ensemble, poursuivi ensemble, dont les deux jeunesses se sont rencontrées et choisies, qui traversent appuyés l'un sur l'autre la maturité, qui s'avancent vers le soir de la vie en se tenant par la main, mais cette intimité profonde, mais cette communauté entière, mais cette harmonie des âmes, mais l'amour dans le mariage, pour tout dire en une parole, il ne saurait être question de cela.

Si je n'étais décidé à ne pas écrire un traité, je me laisserais aller à examiner ici avec quelque détail la question d'âge que je viens de rencontrer sur mon chemin; je dirais qu'en règle générale on marie les fils beaucoup trop tard et les filles beaucoup trop tôt ; je demanderais si l'on regarde d'ordinaire comme terminé le développement intellectuel et moral d'une jeune personne de dix-huit ans, si c'est là un caractère formé, une mère de famille, s'il est permis (je laisse à part les exceptions) de retrancher à l'éducation ces trois précieuses années, les seules où l'on apprenne réellement et avec entrain, les années qui s'écoulent entre dix-huit ans et vingt-et-un. Et, d'un autre côté, je demanderais si nos fils traversent sans de graves périls la période qui sépare la fin de leurs études de leur établissement. Il y a, je le sais, des circonstances où le mariage d'un jeune homme encore sans carrière et sans ressources peut sembler difficile; mais ces difficultés n'existent pas toujours, et il n'est pas indifférent, je pense, que la pureté de nos fils soit préservée, qu'ils apportent à leurs compagnes toute la fraîcheur d'un premier amour.

On dirait que nous nous sommes proposé de dénaturer le mariage. En France surtout, de stupides usages, qui ne font pas honneur à notre moralité, empêchent que les futurs époux se connaissent avant de s'épouser. Ils se seront vus au bal peut-être; les questions d'argent auront été arrangées par des hommes d'affaires; puis, la demande aura été faite et agréée, et alors, tout étant déjà décidé, quelques entrevues insignifiantes pourront avoir lieu.

En Angleterre, en Allemagne, aux États-Unis, en Suisse, les choses ne se passent pas ainsi. Une grande liberté de rapports est autorisée entre jeunes filles et jeunes gens. Ils se sont vus, ils ont parlé de toutes choses honnêtes; aussi leur consentement au mariage n'est-il pas une vaine formalité. Assurément tout n'est point parfait dans ces pays : l'indépendance des enfants va trop loin en Amérique, les fiançailles allemandes sont trop prolongées; mais du moins la liberté du choix est maintenue, l'inclination conserve sa place légitime, des attachements sérieux et libres précèdent le serment de s'aimer toujours; le mariage ne survient pas comme un fait brutal, sans acheminement d'aucune sorte ; on ne passe pas en une heure des relations cérémonieuses des étrangers à l'intimité des époux.

Qu'on me passe une citation, je n'en abuse pas et les volumes où je pourrais les puiser par douzaines sont là, devant moi, presque sous ma main, sans que j'aie, on me rendra cette justice, cédé jusqu'à présent à la tentation. Mais Mme de Rémusat a si bien exprimé ce que je sens, que je ne résiste pas à lui emprunter une simple phrase. La voici : « Nos jeunes filles sont inconnues de l'époux qui les choisit ; *je ne sais dans la société aucun autre marché qui se fasse si complétement sur la parole.* »

Le mal est ancien, on le voit. La génération qui nous a précédés ne s'est pas mieux mariée que nous. Aussi les vraies familles étaient-elles rares alors, comme aujourd'hui, plus qu'aujourd'hui peut-être.

Et quel est le remède ? Il s'agit de revenir au mariage tel que Dieu l'a voulu, à l'union sainte où il y a de l'amour, où il y a de l'idéal, où il y a la conscience d'une sérieuse et belle carrière à parcourir ensemble ici-bas et à poursuivre ensemble dans l'éternité.

Les conditions fondamentales du vrai mariage peuvent donc s'exprimer en deux mots : s'aimer, s'aimer en Dieu. Ces deux mots-là appellent quelques développements.

Le mariage, considéré dans sa perfection, ne se contente pas de ces sentiments tempérés qu'on nomme estime, amitié; il lui faut tout uniment de l'amour.

L'amour n'a pas bonne renommée, et c'èst un des plus tristes signes de notre déchéance morale. Les uns ont donné le nom d'amour à d'ignobles galanteries, à des passions selon le mode antique et dans lesquelles la partie élevée de notre âme n'entre pour rien. D'autres ont raillé l'amour, méprisant les femmes, niant la vertu, propageant les traditions du scepticisme gaulois qui ont inspiré chez nous tant de chansonniers et de faiseurs de romans.

Faut-il s'étonner si, en présence de l'amour ainsi

profané, des chrétiens ont conçu de mauvais scrupules et se sont mis en garde contre une passion corruptrice? Je remplirais une bibliothèque des livres pieux qui, pendant nos dix-huit siècles de christianisme, ont été écrits contre l'amour; on s'est imaginé que l'amour « des créatures » était peu conciliable avec l'amour de Dieu; on n'a pas compris que mieux nous aimons notre Père céleste, mieux aussi nous aimons notre femme, nos enfants, nos parents et nos amis; on s'est mis à mutiler la vie humaine au lieu de la sanctifier; on a retranché au lieu d'épurer et d'agrandir; le mariage a pris une pauvre réputation, un rang secondaire; admis, puisqu'il le faut, à titre de pis-aller, on lui a imposé la condition d'écarter les tendresses trop vives, de ne pas tomber dans l'amour.

Parmi les plus éclairés, l'amour n'est accepté qu'à demi. Mme Necker de Saussure, on le sait, n'en a pas dit trop de bien. Et cependant l'amour a une œuvre immense à faire dans la famille. Il est sans doute inévitable qu'il y ait des mariages sans amour; mais ce n'est pas là le mariage idéal, le type, la perfection.

Je ne prétends pas esquiver les difficultés

d'un sujet que notre fausse modestie trouve peut-être scabreux. Je crois que ce que Dieu a institué est bon, que ce que Dieu a décrit et loué dans sa parole est pur; je crois que nos spiritualités quintessenciées sont bien moins conformes à la vraie pudeur que ne l'est le chaste amour des époux.

Connaissez-vous rien de plus frais, de plus beau, de plus saint que la tendresse qui unit tel jeune couple? Ah, ceux qui voient presque une souillure dans le mariage et un péché dans l'amour, devraient s'asseoir un moment à leur foyer. Ils y verraient les ravissements que Dieu a mis dans nos familles comme les fleurs dans nos champs, et qu'il faut bien se garder d'arracher; ils y verraient la splendeur d'une félicité qui élève l'âme, bien loin de la faire descendre; ils y verraient un élan vers tout ce qui est bon, un bonheur inouï mêlé aux pensées les plus sérieuses, une expérience (unique au monde) de la sanctification par la joie.

Qui donc voudrait ôter de nos vies ces heures divines, où deux âmes se sont données, où les illusions de la jeunesse enchantent encore la pensée, où les voiles de l'avenir ne se sont pas encore déchirés, où le bien semble facile, où l'obéissance au devoir n'entrevoit point d'obstacles? Allez, les obstacles viendront, et les heures sombres, et les découragements; la famille aura ses luttes et son rude labeur; plus on s'aime, plus on souffre, ces époux s'en apercevront. Et pour cela ils ne regretteront pas de s'aimer, et leur amour ira se transformant avec leur existence entière, se transformant et grandissant.

C'est ainsi que, lorsque les choses se passent selon le plan divin, chaque âge apporte ses bénédictions. L'amour des jeunes gens a les siennes, aussi bien que la tendresse plus sérieuse et plus éprouvée des gens âgés. Étrange perfectionnement de la vie, qui consisterait à lui enlever son matin! N'avoir plus que des vieillards, serait-ce un progrès?

Et encore, quels vieillards? Des vieillards qui n'auraient jamais été jeunes, des vieillards qui n'auraient pas aimé et qui, par conséquent, n'aimeraient pas. Si l'on proscrit l'amour, ce n'est pas sans doute pour en réserver le monopole à nos dernières années. Ceux qui n'en veulent pas, doivent le rejeter au moment des réalités souvent douloureuses de l'âge mûr, comme à celui des radieux débuts et des joies sans mélange.

Tant que j'aurai un souffle, je protesterai contre ce qui diminue la vie et rétrécit l'Évangile. L'œuvre de la sanctification est tout autre : elle veut l'homme entier, la vie entière ; elle veut des cœurs qui battent fortement, des intelligences ouvertes et actives ; elle ne tue pas l'homme, elle le relève. Point de mutilation ; mais la lutte virile contre le mal, mais le progrès incessamment poursuivi. Dieu ne condamne ni nos activités, ni nos études, ni nos jouissances, ni nos tendresses ; il condamne le péché qui souille cela. Et qu'elles deviennent belles, nos tendresses, nos joies, nos activités, lorsque l'amour de Dieu commence à s'y mêler ! C'est une transfiguration. Il ne s'agit pas de moins vivre, mais de mieux vivre, de moins aimer, mais de mieux aimer.

Ainsi se redresse, à la lumière du pur Évangile, cette grande chose, cette chose sainte, que les uns ont souillée et que les autres ont méconnue : l'amour.

Et j'entends l'amour, comme Dieu l'a fait, sans

subtilité. L'attrait des yeux y a son rôle, très-légitime. Si la femme a été douée de grâce, ce n'est pas sans doute pour que nous y demeurions insensibles. Il est telle pureté des traits, tel charme d'un regard virginal, qui n'éveillent que des impressions élevées. Sans aller aussi loin que Bernardin de Saint-Pierre, qui érigeait en théorie, dans ses *Études de la nature*, les rapports de la beauté et de la vertu, nous pouvons du moins nous abstenir d'anathématiser la beauté; l'Écriture ne le fait pas.

Conclura-t-on de ce que je viens d'écrire que la beauté soit le seul fondement ou le fondement principal de l'amour? Ce serait bien mal comprendre ma pensée. Eh quoi! les personnes qui ne sont pas belles ne pourraient pas se faire aimer! Eh quoi! l'amour s'en irait avec le charme du visage, et le mariage perdrait en se prolongeant un de ses éléments les plus essentiels! Il ne saurait en être ainsi.

L'amour, non pas celui de certains poëtes, l'amour vrai, s'éveille en nous sous d'autres impressions que celles de la grâce extérieure. Il en tient compte, je l'ai dit et je le maintiens; mais des mobiles bien plus forts agissent sur lui. Et d'abord l'âme ne fait-elle pas un peu le visage? Il est telle lumière intérieure, tel rayonnement du cœur, qui donne un charme puissant aux traits, quels qu'ils soient. Qui n'en connaît, de ces figures séduisantes, dont la beauté ne peut ni s'analyser ni se décrire? Là rien n'est beau, et tout est beau. Cette beauté contre les règles n'est certes pas la moins propre à inspirer un grand amour.

L'amour, le seul qui soit digne d'un pareil nom, se fonde sur la sympathie. C'est l'accord des sentiments, c'est l'harmonie des pensées et des désirs, c'est l'unité du dedans qui nous amènent à souhaiter passionnément de confondre nos vies.

« Des yeux levés au ciel sont toujours beaux, » disait M. Joubert. Il est certain, en tous cas, que pour quiconque aspire au ciel, la première condition de l'amour sera une âme que dominent les mêmes aspirations. Et cet amour-là ne périt jamais; il ne connaît ni diminutions ni défaillances. Il défie les années, et, remarquez-le, il demeure l'amour; il ne se transforme pas, quoi qu'on en dise, en estime, en respect, en amitié : il continue à ressentir le charme de la personne aimée et à voir resplendir ce qui fait son impérissable beauté.

Tel est l'amour dont la Bible, moins scrupuleuse que ne le sont plusieurs de ses interprètes, a parlé si souvent en termes d'une suave et sainte poésie.

« Réjouis-toi de la femme de ta jeunesse, comme d'une biche aimable et d'une chevrette gracieuse.... et sois toujours épris de son amour[1]. » Connaissez-vous des accents plus tendres que ceux-là ? Et comme cette passion des époux est placée haut, lorsque Dieu lui-même la prend pour type et qu'il dit à son peuple : « Il me souvient de l'amour de tes épousailles, quand tu venais après moi dans le désert, en un pays qu'on ne sème point[2]. » Rien de plus doux, de plus intime, de plus saint que cet amour ; c'est l'image à laquelle l'Écriture revient sans cesse lorsqu'il s'agit de Jésus-Christ : « Celui qui a l'épouse est l'époux. » — « Je vous ai unis à un seul époux, pour vous présenter à

[1] Proverbes, v, 19.
[2] Jérémie, II, 2.

Christ comme une vierge chaste. » — « Les noces de l'agneau sont venues et son épouse est parée[1]. »

Les conditions essentielles du mariage, disais-je tout à l'heure, peuvent s'exprimer en deux mots : s'aimer, s'aimer en Dieu. J'ai insisté sur le premier de ces mots, personne ne s'étonnera si j'insiste sur le second.

Et d'abord, la sympathie est tellement la base de l'amour, qu'il m'est impossible de comprendre l'union conjugale entre époux que sépare un dissentiment sérieux touchant la foi. C'est à peine si je conçois mieux l'incrédule qui épouse une chrétienne, que la chrétienne qui épouse un incrédule. Au fond de tout mariage mixte il y a une séparation, et ceci est un mariage mixte de la pire espèce. C'est avoir une bien pauvre ambition en fait d'amour, c'est aspirer à bien peu en tout ce qui touche à l'unité morale de la famille et à l'éducation des enfants, que de se ré-

[1] Jean, III, 29; II Corinthiens, XI, 2; Apocalypse, XIX, 7.

signer d'avance ou à une lutte, ou à une abdication, ou à un partage. Quoi donc! au lieu de s'appuyer en toute chose l'un sur l'autre, au lieu de vivre à cœur ouvert, au lieu d'instituer dès la première heure la grande communauté des convictions et des sentiments, il faudra marcher côte à côte en évitant les sujets les plus sérieux, en usant de diplomatie pour ne pas blesser? On parlera de la pluie et du beau temps, de la politique et des intérêts matériels; quant aux intérêts de l'âme, ils seront toujours laissés à l'arrière-plan. Madame ira à l'église, pendant que monsieur s'occupera de ses affaires ou de ses plaisirs. Je sais, hélas, que souvent chez nous l'existence conjugale est ainsi faite; mais c'est là une existence misérable, dépourvue de tout ce que devait y mettre la vraie union. Lorsque je jette les yeux de ce côté-là, il me semble que j'entre avec Dante dans le cercle des étangs gelés.

Entendons-nous bien d'ailleurs, je parle des dissentiments sérieux, de ceux qui concernent les fondements mêmes de notre foi. Il y a des nuances diverses parmi les chrétiens, il y a les forts et les faibles;

irons-nous ranger parmi les « infidèles, » auxquels l'apôtre Paul recommande de ne pas se mêler, tous ceux qui ne pensent pas exactement comme nous sur tous les points? A ce compte, non-seulement les mariages deviendraient difficiles, mais ils seraient fréquemment mauvais. Nous serions poussés à abonder dans notre sens, nous tomberions dans l'étroitesse et dans l'erreur. S'il est bon que deux époux aient chacun leur caractère et s'entr'aident par les diversités de leurs tendances naturelles, il est peut-être souvent bon aussi que chacun d'eux ait sa foi, et que leurs convictions, également sincères sans être identiques, les provoquent à exercer sur eux-mêmes ce contrôle qu'il y a toujours du péril à supprimer. Ainsi ils veilleront; ainsi ils examineront leurs croyances en présence de Dieu; ainsi ils se préserveront de l'esprit de système et de l'orthodoxie toute faite; ainsi ils s'achemineront avec labeur, avec effort, à la sueur de leur front, vers l'unité définitive et la complète harmonie de leurs sentiments. De quel prix est une telle unité lorsqu'elle est conquise de la sorte, combien elle est réelle alors, et indestructible, et féconde : ceux-là le diront qui ont connu la saine et forte vie du mariage chrétien.

Je déteste la casuistique; aussi ne me hasarderai-je pas à en faire ici, à fixer la limite précise où cessent les diversités secondaires et où commence le dissentiment fondamental. Il est des âmes qui ne proclament pas leur conversion, et qui sont sérieuses, qui cherchent, qui prient, des âmes en vie, passez-moi cette expression; sera-ce un devoir de les repousser? Je connais même des unions imprudemment conclues et qui ont bien tourné. Ne mettons pas notre lourde main dans ces questions si délicates; bornons-nous à maintenir le principe général que les apôtres ont posé et que le simple bon sens, j'ose le dire, n'hésite pas à proclamer vrai : Il faut avoir la même foi pour se marier.

Figurez-vous ce supplice : J'appartiens à Jésus-Christ, et mon compagnon de vie le repousse; mes espérances ne sont pas les siennes; nous ne saurions prier ensemble; notre union est menacée d'avance de se briser au seuil de l'éternité; la pire des angoisses me ronge jour et nuit, et ce qui la complète, c'est que je dois la taire; l'éducation des enfants est, ou compromise par des paroles et des exemples ouvertement hostiles à l'Évangile, ou abandonnée en mes mains par une indifférence non moins funeste peut-être; en tous cas, nous ne saurions traiter ensemble ce sujet qui doit émouvoir si profondément nos deux cœurs.

Encore s'il n'y avait que le supplice! Il y a de plus l'abaissement moral; au mal dont je souffre s'ajoute le mal que je commets. Le jour où j'ai accepté par légèreté, par faiblesse, par crainte des jugements du monde, par entraînement, que sais-je? la situation qui m'écrase de son poids, je n'ai pas seulement renoncé aux joies ineffables des jours heureux et aux consolations ineffables des jours mauvais, j'ai renoncé à aborder avec mon autre moi-même la carrière des devoirs, j'ai renoncé à gravir avec lui le rude sentier qui conduit sur les hauteurs; j'ai renoncé à ce qui fait la grandeur du mariage et la sainteté de la famille. Hélas, que je l'aie compris ou non, j'ai presque renoncé à appeler Dieu dans notre maison.

La vérité que je viens de signaler a, selon moi, le caractère de l'évidence. Comment accepter l'union extérieure si l'union intérieure n'existe pas? Comment se passer de la communauté des convictions fondamentales, lorsqu'il s'agit de tout l'avenir, temporel et éternel?

Et cependant cette vérité évidente est une de celles qui excitent le plus de colères. Je ne m'en étonne pas. On nous passe nos croyances, tant qu'elles sont d'une nature innocemment mystique, tant qu'elles ne gênent rien et n'empêchent rien. Pourquoi nous contrarier pour si peu de chose? C'est une faiblesse qui ne fait tort à personne! Mais dès que nos convictions entrent dans la sphère des faits et entravent les combinaisons de famille, le monde s'irrite contre cette religion qui ne sait pas se contenter d'émotions douces, qui cesse d'être accommodante et exige des sacrifices.

Qu'y faire? Le christianisme facile n'est pas le christianisme. Il y aura toujours une sainte étroitesse à maintenir coûte que coûte, sous peine de tomber dans ce qu'il y a de moins respectable au monde, la dévotion impuissante et sentimentale.

Mais plus nous tenons à la sainte étroitesse de l'Évangile, plus nous repoussons l'étroitesse du pharisaïsme; je tiens à le dire, afin qu'on ne puisse s'y tromper. Non, je ne songe pas, Dieu m'en garde, à envelopper le nouveau couple qui va se former dans les tristes filets des formes reçues, du sérieux de convention, des pratiques passées à l'état de loi. Il n'est pas question de se juger l'un l'autre d'après la conformité plus ou moins grande à un type de sainteté prétendue, que les apôtres ne connaissaient pas. Les allures sont-elles franches, indépendantes, originales et vraiment individuelles? La manifestation de la foi est-elle autre chose que la récitation des formules consacrées? N'y a-t-il ni jargon, ni uniforme? tant mieux! Loin de vous effrayer de ces révoltes contre certains usages, réjouissez-vous d'avoir rencontré un caractère, et soyez sûr que des croyances aussi personnelles ne sauraient manquer de réalité et de saveur.

Prenons garde au formalisme; les meilleurs s'y laissent prendre parfois. Nous avons la manie de l'alignement; il faut marcher comme à la parade, partir du pied gauche et ne pas dépasser son chef de file. Survient-il quelque chrétien simple, vrai, qui trouble l'ordre du régiment, nous nous inquiétons volontiers. C'est un homme à discipliner; et nous le disciplinerons peut-être si bien, que dans quelque temps il ne sera plus lui; ses saillies vives, ses gaîtés auront disparu; bon gré mal gré, il aura revêtu la casaque d'ordonnance.

Au point de vue du mariage, ceci est plus important qu'on ne saurait croire. Il faut avertir ceux qui confondraient la forme et le fond, il faut signaler le naturel, comme un signe, précieux entre tous, de cette droiture de cœur que réclame l'Évangile.

Qu'est-ce, en effet, que le naturel, sinon l'une des formes de la sincérité? L'affectation, quelle qu'elle soit, est toujours plus ou moins un mensonge. Lorsque notre langage, pour se mettre au ton convenu, dépasse la mesure de nos sentiments, lorsque notre visage revêt une expression qui n'est pas celle de nos impressions actuelles mais celle que commande le milieu où nous nous trouvons, nous manquons de vérité.

Le famille chrétienne, et ce n'est pas son moindre

mérite, est appelée à devenir parmi nous la gardienne du naturel. Là, tout ramène au vrai ; là, il est impossible de poser ; là, nous ne faisons illusion à personne, et, grâce à la tendresse fidèle qui nous aime assez pour ne pas aimer nos défauts, nous cessons de nous faire illusion à nous-mêmes.

Aussi n'a-t-on jamais manqué de ruiner ou d'affaiblir la famille, lorsqu'on s'est mis à fabriquer des uniformes religieux. La vie de famille est et sera jusqu'au bout une bonne et simple vie, selon le modèle que Dieu a créé. Cela n'est ni alambiqué, ni compassé, ni exceptionnel, ni admirable à première vue ; cela semble à la fois un peu mondain et un peu vulgaire.

Mais allez au-delà de l'apparence, suivez le couple chrétien dans l'accomplissement de cette tâche journalière qui l'empêche peut-être de fraterniser au dehors autant que le voudraient certaines routines pieuses, et vous verrez ce qu'il y a de sérieux dans le service de Christ tel qu'il se produit auprès du foyer. C'est précisément l'étude que nous avons entreprise. Elle nous fera toucher de nos mains les rapports, si profonds, si constants, si nécessaires, de la famille et de l'Évangile.

Nous comprendrons alors, mieux que je ne pourrais certes le démontrer en ce moment, que la famille a besoin de reposer sur l'accord religieux des deux époux, que le christianisme qu'elle réclame n'est pas un christianisme au rabais, un christianisme mondanisé, dispensé des efforts et des sacrifices, indulgent à nos vices ou à nos faiblesses.

Et nous comprendrons mieux aussi que le christianisme exigeant n'est autre que le christianisme sans apparat, celui de la vie de tout le monde. Être chrétien dans la famille, voilà ce qui est difficile et ce qui est grand. L'extraordinaire de l'Évangile, c'est surtout dans la sanctification des choses ordinaires qu'il me frappe. Il y a là une séparation d'avec le monde qui exige plus d'énergie mille fois, qui a plus de réalité, qui brise plus de résistances, qui enfante plus de progrès que la conformité à tel usage, la soumission à telle règle, l'accomplissement de telle pratique.

Je ne déclare pas la guerre aux pratiques; il est des règles de la conduite extérieure que je trouve excellentes, et notre rupture avec le monde nous interdit certaines choses, rien de moins contestable ; mais l'œuvre essentielle est celle du dedans, et j'ai tenu à lui donner son rang suprême au moment où nous nous occupons de la formation des nouveaux couples. Il n'est pas rare de rencontrer des chrétiens qui se croiraient perdus s'ils s'écartaient en rien de l'attitude convenue, et qui se font peu de scrupule de négliger les devoirs *vulgaires* de la famille. Ce qui est rare, à mon avis, ce sont les bons époux, les bons pères, les hommes qui rendent heureux leurs alentours, qui sont tendres, qui font des sacrifices, qui se donnent la peine d'être aimables, qui ne reculent pas devant les difficultés de l'existence journalière, qui prennent leur part du faix des inquiétudes et des douleurs, qui travaillent à vaincre leurs défauts, qui s'efforcent de faire aimer Dieu dans leur maison, qui cherchent à remplir, au dedans comme au dehors, la magnifique mission de la famille chrétienne.

Maintenant le couple existe, et nous allons suivre

des yeux son histoire. Histoire dont les éléments ne varient guère, quoi qu'on en dise, car le cœur est le même partout ; or, les événements ont bien moins de place que le cœur dans notre vie. Je ne nie pas, à Dieu ne plaise, la partie accidentelle de nos destinées, je ne nie pas des inégalités devant lesquelles notre âme demeure éperdue et ne se rassure qu'en remontant jusqu'au juste Juge qui saura tenir compte de tout ; je vois ici des grâces qui ne sont point là ; je vois chez les uns des périls, des sollicitations au mal, des tentations en quelque sorte héréditaires qui semblent s'attacher à eux dès l'enfance, et chez les autres des exemples, des tendresses, des vigilances qui les environnent comme d'un rempart protecteur. Cependant la contrainte absolue n'est nulle part : on peut échapper au mal, et l'on y échappe ; on peut échapper au bien, et l'on y échappe aussi. Pour l'observateur attentif un drame intime et bien tragique se joue au fond de chaque cœur, et elle demeure vraie, toujours vraie, cette parole de l'Écriture : « Du cœur jaillissent les sources de la vie. »

C'est dans ce sens et dans cette mesure que je

puis, écartant ce qui est accidentel, esquisser un tableau conforme à la plus exacte réalité. On a souvent ri du mot si connu : *Tutto il mondo è fatto come la nostra famiglia*. Or, Arlequin n'avait pas tout à fait tort ; en regardant chez nous, nous sommes sûrs de découvrir ce qui se passe chez autrui : les âmes se ressemblent, les besoins, les devoirs, les propensions mauvaises se ressemblent, et Dieu, qui pourrait en douter ? ne laisse personne sans occasions et sans secours.

Entrons donc sous ce toit. Le nouveau couple s'y est installé ; c'est son nid ; il est à lui, rien qu'à lui. Le mari et la femme ont quitté l'un et l'autre la maison paternelle.

Il importe qu'il en soit ainsi. Quand on marie sa fille, on la donne ; quand on marie son fils, on le donne. Le sacrifice, sans doute, est immense dans les deux cas : c'est la jeunesse qui nous quitte, c'est un vide qui se fait à notre foyer ; rien ne remplacera cet être chéri que nous avions couvé depuis sa naissance ; il faudra recommencer la vie sans lui, même s'il ne s'éloigne pas beaucoup ; le silence de nos demeures au lendemain de la noce laisse une impression qui ne s'efface point. Mais que faire? Tel est notre métier de parents. Ce n'est pas notre premier sacrifice, et il n'en est pas qui soit plus nécessaire.

Dieu l'a voulu dans sa sagesse : « L'homme quittera son père et sa mère. » N'allons pas perfectionner l'œuvre de Dieu. Le mariage à deux, voilà ce qu'il ordonne et ce qu'il bénit ; le mariage à trois, à quatre, à cinq, ne serait plus du tout la même chose. Il faut bien commencer, quand on veut bien continuer et bien finir ; or une famille nouvelle ne se commence bien qu'à deux. Alors chacun prend son rôle et sa place, alors les responsabilités naturelles se présentent, alors les devoirs sont simples. N'allons pas les compliquer ; ne surchargeons pas les époux d'un poids où s'userait bientôt l'élasticité de leur jeunesse. Dans l'accomplissement des devoirs légitimes nous sommes toujours soutenus ; si difficiles soient-ils, l'effort qu'ils réclament nous est bon et contribue à notre santé morale. Mais quand il s'agit de devoirs artificiels, ajoutés par la main des hommes, ne comptons plus sur les bénédictions d'en haut et ne nous étonnons pas si nous succombons aux lassitudes mauvaises, aux impatiences, aux découragements.

Il est des circonstances exceptionnelles où les époux, cela va sans dire, n'auront garde de s'établir seuls. Ce père veuf, cette mère veuve, s'ils ne sont pas environnés d'autres enfants, auront leur place marquée au jeune foyer; ils y seront aimés, choyés, vénérés, et comme il y a, je le répète, une bénédiction dans l'accomplissement de tout vrai devoir, la nouvelle famille s'enrichira de ce qui l'accroît ainsi, elle en sera plus heureuse et meilleure.

D'ailleurs sa nature essentielle n'en sera pas modifiée, elle ne cessera pas d'être un couple et ne deviendra pas une tribu patriarcale. Le père, la mère, ainsi recueillis avec amour, respecteront l'indépendance du mariage et ce que je ne crains pas d'appeler le tête-à-tête nécessaire de leurs enfants. Les vrais époux n'ont pas de confidents : ils n'ont rien à raconter à personne de ce qui touche à leur intimité; personne n'est appelé à connaître ou à juger leurs différends s'il y en a. Leurs relations seraient métamorphosées et profanées, le jour où ils auraient introduit un tiers, quel qu'il fût, dans le sanctuaire de leur vie à deux. Souvenons-nous des paroles ravissantes du Cantique : « Ma sœur, mon épouse, tu es un jardin clos, une source close, une fontaine cachetée. »

CHAPITRE TROISIÈME

LA FEMME

Dans cette première partie, on le sait, je cherche à faire connaître les éléments essentiels de la famille. Par une marche qui s'est imposée à moi, j'ai été conduit à aller de la famille au couple, et maintenant je vais du couple à l'un des deux membres qui le composent.

Il m'est impossible, en effet, de ne pas voir qu'il y a quelqu'un ici dont l'influence anime tout et embellit tout. L'autorité, la direction sont ailleurs; mais le charme est là; le principe de vie, l'élément essentiel de bonheur sont là. Je comprends qu'on ait pu s'écrier en exagérant un peu : « La famille c'est la femme. »

A Genève, lorsque je traitais ce sujet en présence d'une assemblée d'hommes, j'avais le droit de leur dire à peu près ceci : « Nous sommes entre nous, et je puis vous parler à cœur ouvert de ce que valent les femmes, du bien qu'elles nous font, de leur influence si précieuse; vous n'en raconterez rien à la maison. » Maintenant, je ne saurais oublier que quelques femmes daigneront peut-être me lire ; et toutefois, qu'importe ? La vérité n'est-elle pas la vérité ? Ce que je pense sincèrement, dois-je craindre de l'exprimer sérieusement ?

*

Il n'est pas inutile de l'exprimer : le mépris des femmes, ce caractère des civilisations inférieures, ne craint pas de se produire au milieu de nous. Sans imiter précisément les sauvages, qui battent leurs femmes, leur imposent les travaux pénibles et se promènent les bras croisés comme des êtres supérieurs, nous conservons encore bien des traces de notre rudesse première; non-seulement certaines inégalités ne sont pas effacées de nos codes, mais certains orgueils bêtes (je ne trouve pas d'autre terme) n'ont pas toujours disparu de nos mœurs. On voit des hommes qui parlent avec dédain de l'intelligence féminine, et ces hommes ne sont pas les plus intelligents de tous. Prenons garde! Le respect des femmes est une des bases nécessaires de la famille et de la société. Otez cela, il ne vous reste que l'homme grossier, l'homme qui ne se gêne plus. En voyant jusqu'où il descend alors, on comprend, certes, la parole de l'Écriture : « Il n'est pas bon que l'homme soit seul. »

Ai-je besoin de le dire, respecter les femmes, ce n'est pas les appeler à une place qui n'est point la leur. Leur vocation, sans être inférieure, tant s'en faut, est subordonnée; il importe qu'elle le soit : quiconque voudra la mettre plus haut la mettra plus bas. Ils n'ont pas compris la grandeur de ce rôle, auquel rien ne peut se comparer sur la terre, ceux qui songent follement à leur en conquérir un autre. Les femmes-hommes ne seraient pas moins déplaisantes que les hommes-femmes; les femmes-hommes, ce serait moins, beaucoup moins, que de vraies femmes, bien féminines.

On a parlé de l'émancipation des femmes. La sublime invention! Nous pouvons juger des résultats qu'elle amènerait en consultant l'impression que nous font éprouver les femmes dont la parole et l'attitude ont perdu leur charme de modestie et de douceur, les femmes qui commandent, qui méconnaissent l'autorité du mari, les femmes politiques, les femmes docteurs, les femmes qui traitent et tranchent les questions, qui décident du sort des empires, qui au besoin feraient un plan de campagne.

Déjà la voix de bien des femmes affecte les intonations masculines, bien des femmes tendent à adopter presque un costume d'homme; et à la façon dont elles vous abordent, vous regardent, vous tendent la main, on serait tenté d'oublier ce qu'on leur doit, comme elles semblent oublier ce qu'elles se doivent à elles-mêmes. Ce ne sera là, espérons-le, qu'une aberration passagère. Mais si l'on y ajoutait le droit de voter dans les élections (ils viennent d'essayer aux Antipodes), le droit de professer dans les chaires, et qui sait? de prêcher à l'église, on aurait décidément résolu le problème d'abaisser la femme autant que possible.

Sa vocation légitime est si belle! L'Évangile a su marquer avec tant de délicatesse divine sa position véritable ici-bas! Il a si bien su la relever sans la déplacer! Lorsque j'entre sous le toit de cette famille nouvelle dont nous avons vu la formation, sur qui se fixent mes yeux? Il n'y a pas d'hésitation possible : voici quelqu'un qui tient pour ainsi dire dans ses mains la destinée commune; personne ici ne fera autant de bien, ou, hélas, autant de mal.

La femme est là dans son royaume. Si l'homme est le chef de la famille, la femme est la souveraine du ménage. Et que de choses dans cet humble mot! C'est la réunion intime autour du foyer; c'est la félicité sous sa forme la plus simple et la plus vraie; c'est l'influence exercée sans bruit sur le mari, sur les enfants, sur les serviteurs; c'est la puissance infinie de la tendresse, de la vigilance journalière, de l'exemple, de la causerie intime; c'est la poésie du cœur venant se mêler à notre prose; c'est le regard de tous relevé vers Dieu; c'est un coin du ciel, un coin bleu, apparaissant au travers des brumes.

Elle est le centre aimable et bienfaisant de la famille. Elle exerce une attraction à laquelle personne ne pourrait, ne voudrait échapper. Chacun se serre autour d'elle, et là où elle manque, la famille entière semble se dissoudre. L'homme isolé a rarement le goût du chez soi, et d'ordinaire une dispersion morale s'opère lorsque la mère a disparu. La mort du père entraîne aussi de bien graves conséquences, pas celle-là cependant : auprès de la veuve le foyer demeure, les enfants y restent groupés; on pleure, mais il y a encore une famille.

Je ne connais qu'un mot qui explique cela. Dieu a donné à la femme le charme. Le charme! qui sondera tout ce qu'expriment ces cinq ou six lettres? La femme comprend les choses autrement que nous, par intuition, par élan du cœur; elle a moins de raisonnements et plus de sympathies. Aussi voyez-la à l'œuvre. Elle amortit les chocs, elle concilie les différends, elle arrange les difficultés, elle met de l'huile dans les rouages. Ce n'est rien et c'est tout; un mot, un regard, et les dispositions hostiles s'effacent, les roideurs s'assouplissent, on se trouve bien ensemble, et cela paraît très-simple, et souvent on ne devine pas la douce main qui agit sans se montrer.

Ou plutôt, on ne la devine que le jour où, par l'effet d'une indisposition, d'une absence, cette place-là demeure vide. Alors tout devient morne; alors il fait froid dans la maison; alors les repas sont aussi tristes qu'ils étaient animés et joyeux. Pourquoi ces longs silences? Pourquoi ces conversations qui sont des dissertations? Pourquoi ce malaise général? Le charme a disparu.

Il reparaîtra demain, après-demain, et tout se ranimera en un instant, comme une vallée plongée dans l'ombre qu'illumine un rayon de soleil. Mais les pauvres maisons où la femme ne se montrera plus, et les maisons, plus pauvres encore, où la femme a méconnu sa mission, oh, qui dira leur misère! Hommes, enfants, ils sont là comme éperdus, cherchant en vain ce quelque chose que rien ne remplace. S'il y a eu une vraie femme, une vraie mère, son souvenir continuera peut-être ce qu'elle avait commencé; s'il y a un vrai père, il fera beaucoup pour les siens; et toutefois il est une œuvre que la femme seule est capable d'accomplir; sans elle, la maison sera toujours menacée par l'ennui, par la sécheresse des rapports, par la vulgarité, par la grossièreté peut-être.

On ne se passe pas du charme. Il faut qu'elle soit là au milieu des siens, la confidente universelle, celle qui met chacun à l'aise et vers laquelle accourt, c'est son droit, quiconque a une plainte à exhaler, une difficulté à résoudre, un parti à prendre, une inquiétude à dissiper, une douleur à adoucir.

La femme n'est pas seulement le charme de la famille, elle est aussi, dans beaucoup de cas, sa conscience et sa dignité.

Nous avons un peu, nous autres hommes, une conscience à gros grain. Parfois les femmes nous accusent de ne pas en avoir du tout. C'est que la délicatesse des appréciations nous fait défaut, nous n'examinons pas les questions à la loupe, et ce qui est menu nous échappe.

Ce n'est pas toujours un mal ; nous évitons ainsi la maladie des scrupules, à laquelle les femmes sont sujettes ; nous marchons d'un pas plus ferme, et notre pensée se complique moins. Je ne suis pas fâché de faire cette remarque en faveur de l'homme ; il a aussi sa grande mission dans la famille ; et précisément parce qu'ils sont doués de qualités diverses, les deux époux se complètent l'un l'autre.

Mais si la femme a trop de scrupules, elle nous tient en éveil, nous qui n'en avons pas assez. Si la femme se repent trop et trop souvent, disposée qu'elle est à chercher bien vite le côté fâcheux de tout acte accompli et de toute résolution arrêtée, elle n'en est que plus propre à troubler une sécurité qui n'est certes pas sans péril. Qui ne se les rappelle, ces circonstances où un mot de la mère de famille est venu poser pour nous une question morale que nous n'avions garde de soulever? Nous nous sommes peut-être irrités d'abord, ces questions-là sont si importunes! Et puis, nous avons réfléchi; interrogée, notre conscience a parlé, et nous avons rendu grâce à celle qui nous avait imposé de la sorte un ennui ou un sacrifice.

Ces sacrifices ne sont point perdus; rien ne contribue à notre perfectionnement comme ces retours sur nous-mêmes qui nous amènent à modifier notre conduite en vue du devoir. La femme est donc, en un sens très-réel, la conscience de la famille.

Qu'elle soit sa dignité, la chose est si claire que je n'aurai point à y insister. Loin d'elle, nous cessons de nous contraindre; nous tombons plus ou moins dans l'état ignoble qu'on nomme le sans-gêne.

Le sans-gêne a ses degrés; il est telle vie de club ou de café qui nous rend incapables de figurer désormais dans la bonne compagnie : l'idée seule de faire un peu de toilette, de remplir un devoir de politesse, de veiller sur nous pendant une heure, de faire effort pour soutenir une conversation, l'idée seule de modifier un moment nos habitudes débraillées nous cause un insurmontable effroi.

Il est un sans-gêne aussi qui, tout en conservant les usages des gens bien élevés, se donne carrière par le parti pris de ne plus veiller sur l'élévation des pensées et des sentiments. La discipline intérieure se relâche; on ne se permettrait pas de graves excès; quant aux nuances, quant aux détails, on renonce à s'en inquiéter, la vulgarité envahit tout.

La femme est destinée à nous préserver d'un tel malheur. Sa présence n'arrête pas seulement les propos grossiers. Elle n'a pas seulement pour effet de forcer chacun à veiller sur ses manières et sur sa tenue; elle agit encore sur la tenue de l'âme, si j'ose m'exprimer ainsi. Il y a en elle quelque chose de si exquis, ses antennes morales sont douées d'une sensibilité si vive, que le bas et le vulgaire, où qu'ils soient, la frappent et la choquent instinctivement. Elle lit en nous, et nous le sentons, et nous éprouvons le besoin de nous mettre d'accord, autant que possible, avec la merveilleuse distinction de cette nature.

C'est l'idéal que je peins, ai-je besoin de le rappeler? Je montre la femme telle qu'elle doit être. Son cœur est corrompu comme celui de l'homme, et comme lui elle ne peut remplir son vrai rôle qu'en vertu d'un changement radical, d'une nouvelle naissance. Loin d'être un instrument de progrès et de bonheur pour les siens, la femme peut être, hélas, la source des grands désordres et des infortunes extrêmes. Sans parler même de l'entière dépravation, il y a dans la mondanité, dans la légèreté, dans la sécheresse de cœur telle qu'elle se produit parfois chez la femme, un principe délétère auquel rien ne résiste autour d'elle. Non, la femme n'est pas toujours le centre aimable et bienfaisant de la famille; non, elle n'est pas toujours le charme de la famille; non, elle n'est pas toujours la conscience et la dignité de la famille.

Et pourtant, ce que j'ai écrit est vrai, je n'en rétracte pas une ligne. La vérité idéale, c'est encore la vérité. Il importe de la contempler sous cet aspect, elle nous apparaît alors avec toute sa beauté, avec toute sa fécondité, elle nous attire et nous fait du bien.

Quel rôle que celui de la femme! quelles facultés que celles dont elle est douée pour l'accomplissement de sa vraie mission! Ah, qu'elle ne se plaigne pas de son lot. Il n'en est pas de plus magnifique sur la terre. Être la providence visible de tous les siens, être leur lumière, leur joie, leur bonne grâce, être la dépositaire de tous les bonheurs élevés, ce n'est pas peu de chose. Faut-il du courage, elle en a. Faut-il des compassions, elle en a. Elle relève ceux qui tombent, elle les relève en les aimant, en leur pardonnant, en leur disant la vérité. Comme elle la dit alors, la vérité! Avec quelle suave délicatesse, avec quels ménagements pleins d'amour, avec quelle pureté fidèle! Comme elle évite d'humilier! Comme elle est attentive à ne pas pallier le mal! Comme les plaies se ferment sous sa main pieuse!

Je ne veux pas anticiper : je m'attache à considérer

dans sa généralité le rôle de la femme au sein de la famille ; ce qui concerne spécialement l'épouse ou la mère viendra plus loin. Comment oublier cependant ici que chaque génération, pendant les premières années, lui appartient d'une façon exclusive ? Et comment mesurer la profondeur, la durée, l'influence indestructible de ces premières impressions ? Arrive-t-il un moment dans la vie où l'on ait entièrement oublié ce qu'on avait appris sur les genoux de sa mère ? Je dis plus, arrive-t-il un moment dans la vie où l'on cesse de s'instruire auprès de sa mère ? Au sein de la vraie famille, cette action-là ne cesse jamais.

Telle est la place que Dieu a préparée pour la femme. Épouse et mère, elle a devant elle la plus grande mission qui puisse se rêver ici-bas. Vous vous rappelez ce splendide portrait qui termine le livre des Proverbes :

« Qui est-ce qui trouvera une vaillante femme ? Son prix surpasse de beaucoup les perles... Elle fait du bien tous les jours de sa vie, et jamais de mal... Elle tend sa main à l'affligé et avance ses mains au nécessiteux.

Elle ne craint point la neige pour sa famille ; toute sa famille est vêtue de vêtements doubles... Son mari est honoré aux portes, quand il est assis avec les anciens... Elle ouvre sa bouche avec sagesse et la loi de la charité est sur sa langue. Elle contemple le train de sa maison et ne mange point le pain de paresse. Ses enfants se lèvent et la disent bienheureuse ; son mari aussi, et il la loue en disant : « Plusieurs filles ont été vaillantes, mais tu les surpasses toutes. La grâce tombe et la beauté s'évanouit, mais la femme qui craint l'Éternel sera celle qu'on louera ; donnez-lui des fruits de ses mains, et que ses œuvres la louent aux portes. »

Ceci est la femme avant Jésus-Christ. Quelques traits se sont atténués et comme assouplis sous l'influence de l'Évangile, la hiérarchie des devoirs s'est modifiée çà et là, l'expression de la femme a pris, ce me semble, plus de tendresse et plus de douceur ; cependant le fond subsiste, la vérité révélée grandit et ne change pas. Aujourd'hui encore, quiconque aura considéré la sainte vocation des femmes dans la famille, l'œuvre journalière qui les attend, les fardeaux qui vont charger leurs épaules, reconnaîtra avec l'auteur des Proverbes que de toutes les vertus qu'exige un tel rôle la plus nécessaire, c'est la vaillance.

DEUXIÈME PARTIE

DEVOIRS PARTICULIERS

DES MEMBRES DE LA FAMILLE

CHAPITRE PREMIER

LE DEVOIR ET LA FAMILLE

Ce premier chapitre ne sera pas long, mais je tiens à l'écrire. Il y a entre la famille et le devoir un rapport si intime, qu'il vaut la peine de le signaler fermement.

Affaiblissez la notion du devoir, et vous verrez ce qui vous restera de la famille ! Vous n'aurez plus qu'une association rabaissée, où des deux parts on a apporté sa personne de son argent, pour essayer de tirer bon parti de la vie. Peut-être y aura-t-il en outre (c'est le cas le plus favorable) une inclination réciproque, qui durera ce qu'elle pourra durer ; autant l'amour est indestructible lorsqu'il s'unit sous le regard de Dieu à la pensée du devoir, autant est éphémère celui qui ne repose pas sur cette base.

Dans ces familles (il n'en manque pas qui ne donnent au devoir qu'une place secondaire), on fera ses affaires, on aura ses plaisirs, on verra du monde, on suivra une carrière, on préparera celle des enfants. Admettons qu'il y ait là une certaine moralité, qu'aucun désordre grave ne vienne tout bouleverser, on mènera une de ces existences à la glace dont nous avons le tort immense de nous contenter trop souvent. Dieu, qui nous a préparé les joies du foyer, nous appelle à autre chose qu'à végéter les uns à côté des autres, sans vives tendresses, sans nobles ambitions et sans progrès. Le convenable est un pauvre régime, et l'on ne va pas loin en fait de bonheur, lorsqu'on se contente de l'estime et des égards. De quoi s'agit-il alors? D'éviter la maison, et ce problème-là, posé depuis longtemps par nos sociétés corrompues, a été depuis longtemps résolu. On réussit à ne pas se voir, à être époux le moins possible, père ou mère le moins possible, enfant aussi le moins possible. Il existe pour tout cela des machines préparées et fort ingénieuses : des colléges, des bureaux, des visites innombrables, de prétendus plaisirs qui ont le mérite de tuer le temps, des dîners, des réunions et des théâtres. Ainsi on arrive, tant bien que mal, au bout de la journée, au bout de l'an, au bout de la vie, et j'ai bien le droit d'ajouter au bout de la famille, car ces familles qui ont à peine vécu ne sauraient se survivre, l'éternité n'entre pas dans de telles relations.

Ainsi, le grand côté de la famille ne se révèle jamais, elle est et demeure quelque chose de banal, de prosaïque. Il faut passer par là et on y passe. La famille est une institution! une magnifique institution! la base des sociétés! on soutiendra des thèses en l'honneur de la famille; on courra à la défense de la famille; mais les défenseurs de la famille en useront peu pour leur propre compte et n'auront pas entrevu un seul moment peut-être les biens infinis qu'elle sait donner.

Ah, la famille est autre chose qu'une institution, qu'une garantie de l'ordre politique, ou, si l'on veut, de l'ordre moral. Elle est autre chose qu'un moyen régulier de transmettre son nom et sa fortune; elle est autre chose qu'une maison convenablement tenue, sorte de club privé où nous sommes sûrs de trouver notre couvert mis, le feu allumé, une conversation de notre goût et le moyen de dépenser le temps que nous laissent nos affaires.

Ceux qui n'y voient que cela ont oublié d'y mettre le devoir.

En entrant dans cet intérieur, le devoir le transfigure. Voici les grandes affections, et les grands bonheurs, et les grandes aspirations, et les grands développements, et la grande poésie qui y pénètrent avec lui.

Au contact du devoir, la famille s'échauffe et s'éclaire. Et comme le devoir s'éclaire aussi au contact de la famille! Nous avons ici des découvertes à faire sur un sujet très-rebattu et très-mal connu. N'est-il pas vrai que l'idée du devoir nous attire peu? Nous savons que cela est vénérable et bon, mais que cela puisse être agréable, nous ne l'imaginons guère ; nous ignorons d'ordinaire les séductions du devoir.

Rien ne les révèle comme la famille. Est-ce bien encore le devoir du catéchisme, celui qui se lie à toutes les joies ? Oui, c'est lui ; seulement la vie telle que Dieu l'a faite nous l'enseigne mieux que le catéchisme, elle le revêt de sa vraie beauté.

M. Cousin a fait un livre sur *le vrai, le beau et le bien*. Ce livre est écrit depuis longtemps dans l'expérience des familles. Là on croit même que les trois mots employés par M. Cousin ne suffisent pas ; le bien n'est pas seulement beau, il est doux, il enfante la joie, il mène au bonheur.

Cette question du bonheur, qui se pose partout quoi qu'on fasse et que j'ai cherché moi-même à aborder directement une fois, la voici donc qui se présente de nouveau à moi sous une forme nouvelle, sous la forme du devoir. Connaissez-vous un plus noble rapprochement ? Oui, suivons-la dans son existence journalière, la famille chez laquelle nous sommes entrés : il y a là des devoirs pour tous, de rudes tâches à remplir, un labeur incessant à poursuivre afin de se rendre utile et aimable ; eh bien, nous ne découvrirons pas un effort qui n'enfante une joie ; plus nous avancerons dans l'austère apprentissage de la vie, plus notre chemin se fera lumineux, et nous verrons alors abonder et surabonder les félicités intenses, profondes, sanctifiantes, que la famille banale ne soupçonne même pas.

Le devoir et l'amour se sont rencontrés ; ou, si vous l'aimez mieux, l'autorité et la liberté ont trouvé leur conciliation providentielle. Le problème de la société politique coïncide par sa base avec le problème de la famille.

Je m'arrête; il suffit de ces quelques mots pour montrer que l'étude des devoirs était notre début obligé. Nous entrons ainsi par la grande porte dans notre sujet. Le devoir va marcher devant nous et nous éclairer; à sa lumière, nous apercevrons les vrais rapports que Dieu a fondés entre les divers membres de la famille, nous contemplerons leurs tendresses, leurs joies, leurs douleurs, la communauté de leurs efforts, leur solidarité puissante et bénie, leur marche vers les sommets de l'existence, vers le but suprême, vers l'éternité.

CHAPITRE DEUXIÈME

LES DEVOIRS DES ÉPOUX

L'apôtre Paul ayant à exposer aux Éphésiens les devoirs des époux, les résumait ainsi :

« Femmes, soyez soumises à vos maris comme au Seigneur. »

« Maris, aimez vos femmes comme Christ a aimé l'Église. »

De l'application de ces deux préceptes découle l'union telle que Dieu l'a voulue.

Soumission, amour, intimité, telle est donc la division naturelle de notre sujet.

Il faut un chef à la famille. Pas d'hésitation sur ce point : l'autorité du mari est nettement établie par l'Écriture ; elle ne permet pas que la femme aspire à une situation qui ne saurait lui convenir, elle lui montre sa dépendance comme l'idéal auquel elle doit aspirer. Ainsi sont écartés d'emblée tous les mauvais désirs, toutes les ambitions contre nature, tous les conflits que fait naître l'indétermination des pouvoirs. La femme chrétienne ne peut pas même imaginer une interversion des rôles, elle en aurait horreur, la subordination de son mari lui imposerait une souffrance, et, j'ose le dire, une humiliation personnelle.

Allons plus loin : Son amour a besoin de respect, il faut qu'elle sente près d'elle une main ferme. La main capable de diriger est la seule qui sache aussi protéger. Lorsque, par malheur, cette énergie virile fait défaut, lorsque le mari est sans volonté et sans décision, tout fléchit autour de lui, tout flotte au hasard, chacun a vaguement la conscience d'un désordre; seules, les situations vraies sont bienfaisantes. Être appuyé, être gouverné, cela est sain. Combien de pauvres femmes, auxquelles il n'a manqué que de trouver un chef dans leur mari! Elles l'auraient mieux aimé, mieux estimé, s'il avait résisté à leurs caprices, redressé leurs idées fausses, exigé le sacrifice des habitudes mauvaises ou périlleuses. Combien d'enfants auxquels il n'a manqué que de trouver un chef dans leur père! Sa molle tendresse les a perdus; sa vigueur les eût préservés du mal; elle n'eût pas seulement prévenu certains écarts, elle eût gravé au fond de leurs âmes le principe de l'obéissance, elle leur eût fait comprendre le devoir.

Mais laissons les enfants, il me suffit en ce moment de considérer les époux. Là, l'importance d'une autorité réelle se manifeste dès le premier jour, elle est une des conditions fondamentales de la tendresse, de la félicité, du progrès. Il y a une hiérarchie dans le mariage. C'est, au reste, ne l'oublions pas, une hiérarchie entre égaux; l'homme voit dans sa femme « une aide semblable à lui. » Ainsi l'harmonie des devoirs se maintient : l'autorité est pénétrée d'affection, l'obéissance est unie à la dignité.

Une telle obéissance a sa grandeur. La femme qui la considérerait comme un joug compromettrait à la fois et son propre bonheur et celui de tous les siens. Qu'elle est noble, au contraire, la position de la femme soumise, aimant son rôle, joyeuse d'obéir et d'obéir par amour ! Quelqu'un que je ne veux pas nommer a dit : « L'amour assujettit notre liberté morale sans la détruire. »

La famille ne renferme point d'esclaves. Ceux qui tendraient à transformer la soumission des femmes en servitude, ont sans doute oublié leurs mères. Je connais peu de choses plus belles et plus douces sur la terre que ce gouvernement domestique, quand il est ce qu'il doit être : le mari a la décision suprême, mais rien n'est décidé par lui qui n'ait été tendrement et sérieusement débattu à deux ; l'autorité qu'il exerce est bien plus reconnue par sa femme qu'affichée par lui.

Telles sont les merveilles de l'institution divine : elle a concilié la soumission et la liberté. Affaiblissez l'une ou l'autre, vous tomberez dans un état misérable ; ce seront tantôt des tiraillements, des prétentions en lutte, des plaintes, des récriminations, et tantôt des chutes profondes. Plus d'union, plus de respect, je n'ai pas besoin d'ajouter plus d'amour. Que la femme l'emporte pour son malheur, ou que le mari réalise, pour son malheur aussi, ses pensées de despotisme, tous deux se sont abaissés, le mariage a fait place à une association bien différente, car le mariage est atteint dans son essence dès qu'on touche aux éléments qui le constituent ; il ne subsiste pas sans l'autorité et sans l'égalité.

Et qu'on ne se méprenne pas sur ma pensée, j'entends que les deux principes se maintiendront loyalement, ouvertement, en plein soleil. L'égalité rétablie par des voies souterraines, l'influence s'exerçant en dessous, la femme accomplissant à force de flexibilité et d'habileté ce qu'elle n'oserait faire d'une façon moins détournée, cela n'est ni digne ni bon. Les conseils de ce genre ont été trop souvent donnés aux femmes, trop souvent on leur a montré que les positions difficiles à emporter de front peuvent se tourner sans bruit, on leur a recommandé une douceur assez peu honorable, selon moi, car elle a le caractère d'une manœuvre.

C'est là une morale de mauvais aloi, contre laquelle on ne saurait assez protester. Avant tout, soyons vrais. Je comprends certaines faiblesses, je comprends que des âmes aux prises avec ces difficultés que l'ambition traîne à sa suite finissent par se fausser, je comprends Mme de Maintenon proposant aux femmes les procédés dont elle a eu si souvent besoin elle-même, et leur apprenant que dans leur situation dépendante « la douceur est le meilleur moyen d'avoir raison. » Mais notre modèle est ailleurs et nous puisons nos inspirations à des sources plus hautes. Nous parlons ici de devoirs. Or le devoir ne transige pas, il ne se courbe pas pour se faire accepter. Le devoir de la femme est de reconnaître en plein, simplement, joyeusement l'autorité du mari; le devoir du mari est de reconnaître en plein, simplement, joyeusement l'égalité de la femme. Ainsi s'établira cette dépendance dans l'égalité dont le monde païen n'a jamais eu le moindre soupçon et qui forme la première assise du mariage selon l'Évangile.

Voyez nos jeunes époux de tout à l'heure : leur position respective s'est faite sans effort et sans embarras ; dès les premiers jours, chacun d'eux s'est senti à sa place, par cela seul qu'il prenait la place qui lui est assignée par l'Évangile. Chez eux l'autorité du mari est réelle, incontestée ; mais ce n'est pas cette autorité cassante et à prétentions ridicules qui s'affirme incessamment afin que nul n'en ignore, c'est l'expression d'un accord profond et doux. Ils n'ont qu'une même âme et qu'une même pensée, comme ils n'ont qu'une même foi. De qui émanent en réalité les décisions? Je n'oserais affirmer que l'influence dominante ait toujours été celle du chef de la famille. Quelquefois, souvent peut-être (j'en risque l'aveu), la femme aura eu l'idée première, son instinct plus vif aura plus promptement saisi certains intérêts, certains devoirs, son sentiment aura prévalu. Eh bien, tant mieux, si ce sentiment méritait de prévaloir. Dieu n'a pas créé l'union si étroite du mariage, pour que chacun s'enferme chez soi, l'un gouvernant, l'autre rusant. Le mari assez sot pour gouverner de haut et sans consulter sa femme ne renoncera pas seulement à beaucoup de lumières et à beaucoup de bonheur, il sera d'ordinaire l'exécuteur très-humble de la volonté même qu'il exclut avec fracas. Les maisons où l'autorité maritale est mise en grande évidence sont presque toujours celles où les femmes, tout en invoquant sans cesse cette autorité et en parlant de leur obéissance passive, règnent en souveraines absolues.

Je ne connais pas de spectacles plus répugnants que celui-là. Voilà deux caractères qui s'abaissent comme à l'envi, l'un dans sa morgue doublée de faiblesse, l'autre dans la fausseté, inconsciente peut-être, de sa détestable habileté. Ah ! les choses se passent différemment dans la vraie famille. Tout y est confiance et droiture. Le mari n'a pas à y défendre une autorité, plus chère à sa femme qu'à lui-même ; la femme n'a pas à y conquérir en se cachant une influence dont son mari connaît la légitimité et provoque l'action salutaire. Le dernier mot sans doute y appartiendra, en cas de dissentiment, à celui qui porte la responsabilité ; mais les dissentiments sont rares entre gens qui se chérissent, qui se parlent à cœur ouvert, qui tiennent à marcher d'accord et qui prient. Quel charme dans leurs délibérations intimes ! Ils ont tant de choses à se dire ! Il y a tant de grosses questions à débattre ! Chaque jour en pose de nouvelles, et chaque jour aussi le conseil est assemblé ; on discute, on examine le pour et le contre, on s'anime peut-être, et l'on finit par s'entendre. Et c'est là qu'on apprend le mieux à se connaître, à s'aimer ; c'est là que l'union profonde fait du progrès.

L'union qui demeure à la surface ne saurait suffire. En retranchant les délibérations à deux, on retranche presque tout ce qui fait la sainte et puissante communauté du mariage. On vit l'un auprès de l'autre, sans se rencontrer, pour ainsi dire ; on s'habitue à éviter les sujets sérieux ; on garde pour soi ses inquiétudes et ses plans d'avenir ; la vie de famille se fait banale. Elle devait être quelque chose de mieux.

Je suis toujours surpris de voir à quel point, sur

bien des sujets, nous sommes demeurés classiques, dignes imitateurs des Grecs et des Romains. Le gynécée antique est encore une sorte de modèle vers lequel nous tournons volontiers les yeux.

A Dieu ne plaise que je nie ce qu'il y a de distinctif dans le rôle de la femme ! Tandis que nous sommes appelés à la vie extérieure, elle est appelée à vivre auprès du foyer ; l'action politique, la direction des affaires, le travail du dehors pour l'entretien de la famille, cela nous concerne seuls. La vocation de la femme est tout autre ; essayons de nous en rendre compte.

On nous donne comme un axiome que cette vocation, humble, subordonnée, purement intérieure et domestique, ne doit avoir aucun contact avec le dehors ! C'est avec des généralisations hasardées et peu réfléchies comme celle-là que nous faussons les choses les plus simples. La règle que l'on pose ainsi comporte plus d'une exception importante. Quant à moi, je sais une autre règle qui ne comporte aucune exception : Il faut que la femme fasse *en femme* tout ce qu'elle fait, en femme, c'est-à-dire humblement, sans éclat, évitant d'attirer les regards.

Qu'une femme soit savante, je n'ai rien à objecter ; mais la femme savante est un être désagréable, justement ridicule, et que nous livrons aux railleries de Molière.

Qu'une femme ait des convictions politiques, qu'elle s'intéresse en patriote aux destinées de son pays, que les questions posées dans le monde entier l'émeuvent par leurs grands côtés, je m'incline avec sympathie et respect ; mais la femme politique ne m'inspire ni respect ni sympathie, et je crois que bien des gens sont de mon avis.

Qu'une femme ait des croyances religieuses très-accentuées et très-profondes, qu'elle ait aussi des croyances philosophiques et que les problèmes fondamentaux aient été ou entrevus ou sondés par son regard, qui pourrait s'en indigner? Mais la femme docteur est une sorte de monstre appartenant aux deux sexes et n'ayant rien de ce qui fait le vrai mérite de l'un ou de l'autre.

Qu'une femme goûte vivement la littérature et les arts, qu'elle en parle avec entrain, avec grâce, avec modestie, elle ne sortira pas de son rôle; mais la femme bel esprit nous révolte et nous contriste, elle a cessé d'être femme, et nous n'accorderons jamais qu'elle soit spirituelle.

Je parlais de Molière tout à l'heure. On voit que ma thèse n'est pas la sienne. Si je déteste autant que lui la femme savante, je suis bien loin de souscrire aux anathèmes du bonhomme Chrysale. Qui ne se souvient de cette boutade admirable :

> Nos pères sur ce point étaient des gens bien sensés
> Qui disaient qu'une femme en sait toujours assez
> Quand la capacité de son esprit se hausse
> A connaître un pourpoint d'avec un haut-de-chausse.

Et bien des gens d'applaudir, aujourd'hui encore; c'est la théorie classique, c'est la tradition latine, recueillie et traduite en chansons, en épigrammes, en éternelles railleries contre les femmes, par toute notre race gauloise élevée à l'école de l'antiquité. Molière sur ce point n'a fait que suivre le sentier battu, où

Rabelais, Montaigne et tant d'autres avaient marché avant lui, où nous marchons après lui, nous qui ne trouvons point mauvais que Chrysale ajoute :

Oui, l'on sait tout chez moi, hors ce qu'il faut savoir ;
On y sait comme vont lune, étoile polaire,
Vénus, Saturne et Mars, dont je n'ai point affaire,
Et, dans ce vain savoir, qu'on va chercher si loin,
On ne sait comme va mon pot, dont j'ai besoin.

Il faut protester contre cette énorme erreur et contre cette criante injustice. Autant nous devons tenir à n'altérer en rien le rôle modeste et retiré de la femme, le rôle que l'Écriture constate lorsqu'elle lui interdit de parler dans les assemblées de culte, autant nous devons nous rappeler que nos femmes sont nos compagnes, nos égales, douées de facultés aussi grandes sinon pareilles, chargées de l'éducation de nos enfants, appelées à s'associer à nous par le contact des idées comme par celui des sentiments et des intérêts.

L'ignorance ne donne pas toutes les vertus; elle crée souvent des natures bornées, sèches, cassantes et passablement orgueilleuses. Je connais des ignorantes avec lesquelles « le pot » de Chrysale aurait été fort compromis, et des femmes instruites qui s'entendent fort bien au ménage. La cuisine des femmes distinguées n'est pas la plus mauvaise, et leurs maisons ne sont pas les plus mal tenues. Y a-t-il rien d'accompli comme la femme qui sait beaucoup et ne le fait pas sentir, qui a des convictions et ne dogmatise pas, qui est au niveau de toute lecture, de tout entretien, et ignore elle-même sa supériorité, qui apporte à son mari, à ses enfants, à ses amis un riche tribut d'idées, et demeure simple, naturelle, totalement dépourvue d'affectation ? Voyez-la assidue à ses devoirs, gouvernant sa maison, femme essentielle, femme de ménage, femme de pot-au-feu, et en même temps femme aimable, esprit cultivé et charmant, ce qui, à mon avis, ne gâte rien.

Tomberons-nous donc toujours dans la méthode païenne qui retranchait, au lieu d'adopter la méthode chrétienne qui sanctifie? Enfermer les femmes, c'est plus tôt fait; mutiler, rogner, ôter les moyens d'instruction, interdire les développements, rien de plus facile. Le difficile et le beau, c'est de concilier l'instruction avec la réserve, les développements de tout genre avec la modestie féminine.

Vous ôtez aux femmes l'activité intellectuelle; savez-vous ce que vous avez fait? Vous les avez rejetées vers la frivolité, vers la mondanité la plus vaine, la plus sotte, la plus dangereuse. Tel est, notez-le, le résultat net des théories de Chrysale; elles ne font pas des ménagères, elles font des femmes évaporées, pour qui choisir une étoffe, effacer une rivale, briller dans un bal devient la grande affaire ici-bas. Elles sont bien remplies, en vérité, ces existences qui se composent de visites reçues et rendues, de soi-disant plaisirs dont on peut à peine soutenir l'ennui! Elles sont bien utiles à leur famille, ces femmes qui mettent leurs fils en pension et ont des institutrices pour leurs filles, parce que les devoirs du monde ne leur laissent pas une heure pour remplir d'autres devoirs, parce que, leur toilette faite, leurs billets écrits et leur tournée de salons accomplie, il ne leur reste ni temps ni force pour leur mari, pour leurs enfants, pour les pauvres, pour rien de ce qu'il y a de sérieux ici-bas! Chrysale a fait un beau profit en brûlant leurs livres, et sa maison en est vraiment mieux tenue!

Et toutefois, voici le fait étrange, Chrysale est content. Oui, les mêmes hommes qui condamnent l'instruction des femmes afin qu'elles gardent la maison, qu'elles surveillent le ménage et évitent le bruit, trouvent fort naturel que, désertant le ménage, elles fassent autant de bruit que possible, pourvu que ce soit sur le terrain de la mondanité. Il n'y a certes pas de mal à être belle; mais faire profession de beauté, c'est bien triste; et pourtant consultez sur ce point les contemporains de madame Récamier! Il est une saine élégance qui inspire le respect; mais la vie d'une élégante, qu'en faut-il penser? Cependant je ne vois pas qu'on s'en indigne beaucoup, si ce n'est quand il faut payer la couturière ou la marchande de modes. Ces existences-là sont acceptées, ce gaspillage du temps, des facultés, du bonheur domestique, cet oubli des devoirs, cette abdication de l'être moral, on admet tout cela.

Et l'on nous répète les épigrammes vieillies contre

l'instruction des femmes, et l'on nous redit que la femme doit éviter tout de ce qui l'arracherait à l'obscurité providentielle de son rôle, tout ce qui lui ferait quitter le foyer, tout ce qui attirerait sur elle les regards!

Nul n'en est plus convaincu que moi. Aussi n'ai-je aucune sympathie, je dirais presque aucune indulgence, pour les actes, quels qu'ils soient, par lesquels les femmes compromettent cette réserve qui est leur plus précieux ornement. Je ne leur pardonne pas de porter atteinte à leur charme, à leur bonne grâce, et pour tout exprimer en une parole, à leur caractère féminin.

Qu'elles restent femmes, et elles pourront avoir même un rôle extérieur. Dieu, qui les a appelées à verser leur sang pour l'Évangile, leur a confié alors le rôle extérieur de témoins courageux de sa vérité; courageuses et modestes, elles tombaient sur l'amphithéâtre; Blandine n'avait pas cessé d'être une humble femme, lorsqu'elle était livrée aux dents des bêtes féroces et aux regards d'une populace plus féroce encore.

Elle reste femme, celle qui va diriger une école, visiter des malades, consoler des mourants. Elle ne fait pas de bruit, elle évite peut-être les comités et les ventes charitables ; mais elle a une œuvre extérieure à remplir, et elle la remplit. Pensez-vous qu'elle soit moins humble, moins réservée, moins femme, je répète le mot, parce que sa douce voix se sera fait entendre dans quelques pauvres cabanes et auprès de quelques lits de douleur?

Et le talent, et l'imagination, et la poésie, faudra-t-il les proscrire ? Dieu a confié des dons brillants à une femme, faudra-t-il étouffer tout cela? En avons-nous le droit? Ah ! mille fois plutôt l'étouffer, j'en conviens, que de compromettre la modestie, l'esprit doux et paisible, la sainte réserve. Mieux vaut un écrivain de moins qu'une femme-auteur de plus. Avant tout, préservons le foyer, ayons de vraies épouses, de vraies mères, de vraies familles.

Mais est-il donc impossible de rester femme, bien femme, et d'exprimer sa pensée? Lorsque la foi, l'amour et le talent se rencontrent, ne sauraient-ils rencontrer aussi l'humilité ? Ces choses que les femmes seules savent dire, et il en est, personne ne nous les dira-t-il? Sur ce sujet de la famille en particulier, devons-nous renoncer à entendre celles par qui la famille existe?

Je me refuse le plaisir de traiter ces questions ; il me suffit de les avoir posées. Pour moi, l'esprit, l'instruction, le talent, l'imagination ne sont ni des ennemis, ni des suspects, alors même qu'il s'agit des femmes. Je respecte, plus que je ne saurais le dire, l'humble femme, bien ignorante, qui dans son village remplit tous ses devoirs d'épouse, de mère, de voisine charitable, de chrétienne fidèle; et je respecte aussi l'humble femme (oui, humble, elle l'est autant que l'autre) qui, placée dans des conditions différentes et douée d'autres facultés, donne essor aux sentiments de son cœur, aux convictions de sa foi, aux créations de son imagination poétique, fuyant le bruit, évitant autant que possible de mettre en avant son nom, simple, hostile aux prétentions quelles qu'elles soient, plus étrangère au bel esprit mille fois que telle ignorante qui s'en fait accroire. Lorsque je vois une de ces femmes, assidues à leur tâche, amies de la retraite, aimables, répandant chez elles les saines et bonnes joies, occupées à soulager les misères, vaillantes, douces, heureuses d'avoir exprimé ce qu'elles avaient dans l'âme, plus heureuses encore d'aimer les leurs et de faire du bien autour d'elles, je sens que la vraie famille subsiste là.

N'excluons rien, que le mal; ne nous défions pas des grâces de Dieu. Et puis, n'oublions jamais que le devoir marche avant tout, avant le talent, avant les lumières, avant l'ignorance aussi.

L'Évangile nous met dans le vrai, parce qu'il nous met toujours en face du devoir. Comment admirer assez cette fermeté pleine de mesure avec laquelle les deux bases de la situation des femmes y sont posées : leur soumission, leur égalité! Nous n'en sommes plus ici aux vieilles railleries d'Euripide et d'Aristophane, si souvent depuis renouvelées des Grecs; nous n'en sommes plus à la célébration enthousiaste de la femme qui ne sait rien et qui s'occupe du pot-au-feu; nous n'en sommes certes pas davantage à l'adoration de la femme mondaine, ce dernier outrage, cet abaissement suprême après lequel il ne reste rien ni dans les têtes ni dans les vies condamnées à la frivolité et au néant. L'Évangile nous traite mieux que le monde ; si j'osais, je dirais qu'il nous respecte davantage. Devant les deux époux il place une grande destinée, de nobles buts à atteindre ici-bas, un avenir éternel. Qu'ils fassent usage tous deux des dons que Dieu leur a confiés; appelés, le mari à une carrière plus extérieure, la femme à un rôle subordonné et soustrait aux regards, qu'ils marchent en s'entr'aidant, en s'unissant toujours mieux. Nous avons vu comment l'apôtre expose les obligations respectives des époux. S'il dit aux femmes : « Soyez soumises, » il dit ensuite aux maris : « Aimez. » Ce devoir-là explique l'autre.

L'amour est donc un devoir. Il nous est déjà apparu comme charme, comme bonheur, comme élément essentiel du mariage; en se montrant à nous comme devoir, il va nous imposer la nécessité (dont je me félicite) de nous répéter à son sujet; il y a des choses qui sont si bonnes à redire! D'ailleurs, en disant les mêmes choses, nous les dirons autrement. Le point de vue du devoir est presque nouveau en matière d'amour. Ainsi considéré, l'amour achèvera de prendre la place qui lui appartient. Sa beauté, sa sainteté, si souvent méconnues, éclateront à tous les yeux. Le monde peut railler l'amour, il sait bien peu ce que c'est. La Parole de Dieu l'honore; je me trompe, elle le commande, elle ne nous reconnaît pas le droit de ne point aimer.

Tant pis pour ceux que je scandalise peut-être en parlant ainsi! L'amour un devoir, lui qui est tout au plus une faiblesse, lui qui se relie aux instincts les moins élevés de notre nature, lui que la sagesse des philosophes savait fouler aux pieds et que la sanctification du chrétien doit à bien plus forte raison regarder du haut en bas! — Oui, l'amour, l'amour proprement dit, l'amour sans raffinements subtils et sans fausse spiritualité, cet amour-là est un devoir, le premier devoir des époux. Cet amour-là n'est pas seulement chétien; il est une des gloires du christianisme. Rarement, bien rarement, l'antiquité païenne a entrevu de loin quelque chose qui lui ressemblait. Depuis que Jésus-Christ l'a révélé aux hommes, il a marqué de sa présence les époques morales et les contrées où l'Évangile exerce une véritable influence. Voulez-vous savoir, au contraire, à quel signe infaillible on reconnaît les siècles et les pays dépravés? On n'y trouve point d'amour. La femme n'est plus là; la famille n'est plus là; la galanterie, la débauche, ont pris la place des saintes tendresses; on prostitue un des plus beaux noms qu'il y ait sur la terre, celui de l'amour. Le fait est qu'on ne s'aime point; la passion, même dans le vice, se fait rare alors; les cœurs se dessèchent, et ce qui domine, ce qui donne le ton, c'est la raillerie au sujet des femmes, l'ennui du mariage, le scepticisme revenu de tout.

Alors aussi la littérature reflète ce triste état social; vous chercheriez en vain un drame, un roman où l'intérêt ne soit concentré sur des inclinations aussi peu profondes que peu avouables, quand cet intérêt ne se porte pas sur de simples questions d'argent ou de succès. Les grandes tragédies du cœur, si émouvantes et si pures, disparaissent des livres comme elles tendent à disparaître de la société. La mondanité, dans le sens le plus redoutable de ce terme, a tout envahi et tout stérilisé ; l'âme humaine est devenue incurablement frivole.

Et l'âme frivole est incapable d'amour. Il y a tant de sérieux, tant de profondeur en lui ! Il y a tant de grâce aussi et de fraîcheur ! Parmi les choses ravissantes d'ici-bas, la plus ravissante n'est-ce pas lui ? La vue de deux jeunes gens amoureux a toujours éveillé en moi les idées les meilleures de pureté et de candeur ; les blasés, les corrompus sont incapables de pareilles émotions.

Dans l'amour vrai, dans celui qui est un devoir des époux, il y a de l'estime, de la confiance, des prières ; et il y a aussi ce goût vif, ce puissant attrait, cette passion intense, qui remuent les profondeurs de notre être. Ceux qui, sous prétexte de haute spiritualité, prétendent réduire l'amour aux sentiments de l'âme, entrent dans une voie périlleuse. Ne soyons pas plus purs, je le répète, que ne l'est la parole de Dieu. L'ascétisme, qui veut perfectionner l'Évangile, nous fait descendre bien plus bas en aspirant à nous faire monter plus haut.

Notre pruderie suspecte s'alarme des expressions du Cantique des cantiques ! Et pourquoi Dieu ne nous aurait-il pas présenté, afin de les consacrer, les plus vives images de l'amour conjugal ? Entre nos jeunes époux qui s'aiment saintement elles s'échangent encore aujourd'hui et s'échangeront jusqu'à la fin des siècles, les paroles du Cantique : « O la plus belle d'entre toutes les femmes. » « Ton étendard sur moi, c'est amour. » « J'ai cherché celui qu'aime mon âme. » « L'amour est fort comme la mort. » Quand ces choses-là semblent ridicules ou quand elles paraissent impures, soyez sûrs que les mœurs publiques ont reçu une atteinte profonde. Les cœurs gâtés se scandalisent de tout.

Faute de comprendre que l'amour des époux est un devoir, un devoir de leur jeunesse, un devoir de leur âge mûr, un devoir de leur vie entière, bien des familles tombent dans l'état vulgaire et prosaïque où le charme disparaît, où l'on cesse de se goûter, où il fait sombre et froid autour du foyer. Prenons-y garde, rien de bon ne se conquiert et ne se garde sans efforts ici-bas ; pour avoir, pour conserver la vraie fa-

BIBLIOTHÈQUE PUBLIQUE MONTBÉLIARD

mille, il faut que nous maintenions le mariage tel que Dieu l'a fait. Or, Dieu l'a fait avec de l'amour : « Maris, aimez vos femmes. »

Pourquoi ce commandement s'adresse-t-il particulièrement à l'homme? Il faut bien l'avouer, ceci n'est pas à notre gloire; nous avons besoin, nous, que le devoir d'aimer nous soit prescrit en termes formels; nos cœurs sont un peu dépourvus de tendresse; d'ailleurs l'activité extérieure met dans nos existences des intérêts et des sentiments qui tendent sans cesse à y occuper trop de place. La femme ne court pas le même danger. « L'amour, disait Mme de Staël, n'est qu'un épisode dans la vie de l'homme; c'est l'histoire tout entière de la vie de la femme. » Si notre part est quelquefois meilleure, c'est que le devoir d'aimer se fait comprendre à nous, grâce à l'Évangile; et le devoir d'aimer amène avec lui le bonheur d'aimer; l'amour, relevé, transfiguré, occupant le rang qui lui appartient, ne se laisse plus exclure par les préoccupations secondaires.

Au reste, le commandement d'aimer a été adressé aussi à la femme. L'apôtre Paul, écrivant à Tite, lui disait : « Apprends aux jeunes femmes à être sages, à aimer leurs maris. » Si le devoir dont je parle a dû être plus souvent rappelé à l'un des époux, il existe pour tous deux. Je n'insiste pas sur ce point, personne n'en doute.

Mais il est un autre point qui demande explication. L'amour des époux est une affection qui n'est pas seulement la première, elle est unique. Dieu l'a voulue telle, et quiconque oublie cela trouble profondément la loi de la famille.

Alors se produisent des luttes intestines (les plus douloureuses) ; nos tendresses sont aux prises, nos devoirs se heurtent; faute d'avoir mis à part l'affection unique, d'autres affections légitimes entrent en conflit avec celle-là.

Jour terrible que celui où l'on s'aperçoit qu'on n'est plus d'accord sur tout ! La place de la femme, celle du mari, cette place de l'intimité absolue et incomparable, a été envahie plus ou moins ; un père, une mère, un enfant, s'y sont glissés peu à peu. Et peu à peu aussi les cœurs se sont désunis. Ce n'est encore rien, le mal est réparable, pourvu qu'on s'y prenne à temps et qu'on veuille le réparer. Mais il s'agit de vouloir.

Vouloir faire sa place à notre femme, à notre mari, ce n'est pas chose commune, et j'ajoute que ce n'est pas toujours chose aisée. Il y faut de l'énergie et une prompte résolution, il y faut d'abord l'intelligence claire d'un devoir à accomplir. Ce devoir-ci ne s'accomplira pas sans effort, nous ne serons pas compris sur-le-champ; nous affligerons peut-être des êtres bien-aimés, qui trouveront mauvais de voir passer quelqu'un avant eux. Les parents ne savent pas toujours voir qu'en mariant leurs enfants ils ont renoncé à occuper le premier rang, qu'un autre est devenu leur confident et leur guide, que l'intimité des époux est exclusive de sa nature.

Lorsque les parents ne voient pas cela, lorsque le fils ou la fille sont obligés de le leur faire voir, il se produit un froissement douloureux. Mais cette douleur ne dure pas; les situations vraies ont leurs priviléges, et la première émotion passée, chacun ne tarde pas à sentir ce qu'ont de salutaire les rapports établis en conformité sincère avec l'institution divine. Il n'est pas question d'ailleurs de ne plus aimer nos parents ou de les aimer moins; notre tendresse et notre respect redoubleront au contraire et nous éprouverons le besoin de leur faire leur part bien large dans le bonheur nouveau qu'ils nous ont donné. Rien ne diminue; seulement quelqu'un est survenu qui a des droits d'un caractère unique ; un sanctuaire s'est créé, et dans ce sanctuaire il n'y a place que pour deux.

Je vais plus loin : c'est à nous à faire accepter notre femme, notre mari, au sein de notre propre famille. Ceci exige aussi parfois de la vigilance, de la vigueur, une sorte de dignité conjugale. Notre intimité doit être enveloppée de respect ; ne la laissons pas effleurer ; si nous permettions certains propos, si certains sentiments méfiants ou hostiles se croyaient libres de se produire devant nous, nous commettrions une lâcheté et nous manquerions à un devoir.

Qu'on me permette de m'arrêter encore un instant sur cet aspect, ordinairement mal compris, de l'amour des époux.

Vous n'avez pas maintenu la hiérarchie des affections; celle qui devrait occuper une place à part, une place unique, se voit confondue avec plusieurs autres ; que va-t-il arriver ? Ce qui vous semble naturel, à vous, ne saurait le paraître à votre compagne. Elle aurait trouvé fort simple que votre mère, par exemple, fût tendrement aimée ; loin de vous pousser à l'aimer moins, elle voudrait qu'elle vous fût toujours plus chère, elle ne songe qu'à la vénérer avec vous, à l'environner avec vous de ses soins. Mais on aime sa mère comme une mère et sa femme comme une femme ; du moment où dans vos habitudes et dans vos préoccupations la première envahit le domaine qui n'appartient qu'à la seconde, où elle reçoit sa part des confidences réservées, le cœur de la femme s'alarme ; un principe de désunion s'est glissé entre elle et vous.

Prenez garde, ces principes-là sont semblables à l'arbre qui pousse ses racines près d'une muraille. Tant qu'il est jeune, la muraille résiste, il se produit à peine de faibles lézardes ; puis la crevasse augmente, et il vient un moment où l'arbre, par cela seul qu'on l'a laissé croître, renverse à ses pieds blocs et ciment. Les débuts de la désunion ne sont rien : il ne s'agit que d'un sentiment sorti de sa place, qui a excité des alarmes et auquel vous n'avez pu vous associer tous deux. Ne pas s'associer en tout, c'est peu de chose, et c'est beaucoup, ne prenons à aucun prix notre parti d'un premier désaccord. Les premiers sont les plus graves, parce qu'ils ouvrent la voie et créent des habitudes. Hélas, on s'habitue fort bien à vivre ainsi à moitié séparés; on se dit que la lune de miel ne saurait toujours durer et que l'union passionnée du commencement doit faire place à des relations mieux pondérées. Et la crevasse va de la sorte s'agrandissant, et l'arbre grossit, et l'on découvre un beau jour que la muraille jonche le sol.

La jalousie que font naître de grossiers désordres n'est pas la seule qui puisse disjoindre les fortes assises du bonheur conjugal. Il est des familles bien réglées, honorables, enviées peut-être, et où la jalousie fait son œuvre de mort. Les cœurs qui se donnent à plein veulent qu'on leur appartienne à plein aussi. L'union au rabais ne les contente pas et leur tendresse ne sait pas vivre dans l'atmosphère grossière qui convient à tant de gens. Si vous prétendez avoir un vrai mariage, une vraie famille, et non ce que le monde entend par ces mots, renoncez au programme facile que rédige le monde : S'aimer au début, être convenable plus tard, garder chacun sa liberté, éviter les écarts et surtout les scandales. — Non, cela ne suffit pas vraiment; ce qui vaut beaucoup coûte quelque chose, et l'amour dont je parle est exigeant.

Non pas que ses exigences soient des raffinements, des délicatesses alambiquées et qu'il faille être bien habile pour le contenter. Rien, au contraire, n'est simple et naïf comme lui ; il vit de franchise, de loyauté, d'abandon. Mais il lui faut son droit ; il sent, il sait que s'il n'est plus unique, il cesse d'être ce qu'il est.

Il y a telle famille (qui n'en connaît ?) où la passion d'une mère pour son fils a compromis l'avenir d'un jeune ménage ; les choses n'étaient plus à leur place, le mari était relégué au second rang ; on descend vite sur ces pentes-là. Ailleurs, et plus souvent peut-être, l'intervention indiscrète d'une mère auprès de sa fille a peu à peu séparé celle-ci de son époux ; le mari, qui se voyait de trop dans certains tête-à-tête, qui comprenait que les confidences n'étaient plus pour lui, se détournait toujours plus du foyer; l'intimité avait disparu, on tombait vite au niveau de ces unions vulgaires qui ne sont plus le mariage selon l'Évangile.

L'Évangile nous ordonne toutes les grandes ambitions. Ayons celles de l'amour et du bonheur. Ne nous contentons pas de peu. Aspirons à beaucoup, c'est le moyen de beaucoup donner; et c'est aussi le moyen de beaucoup avancer sur la voie du perfectionnement moral. L'amour, je le dis sérieusement, est un des plus énergiques agents de sainteté que Dieu ait mis sur la terre. Nous le verrons, à mesure que nous avancerons dans cette étude, si le niveau de notre amour conjugal et de notre bonheur de famille s'élève, le niveau de nos sentiments, de nos pensées, de nos actes, et, pour tout dire, le niveau général de notre vie, ne peut manquer de s'élever en même temps. Nous assisterons à un des plus nobles spectacles qu'il soit donné à nos yeux de contempler ici-bas, celui de la marche ascendante des âmes. La famille nous le présentera, par ses devoirs, par ses joies, par ses douleurs, par sa piété ; nous monterons avec elle, et nous reconnaîtrons alors toujours mieux que l'amour des époux est un devoir.

Qu'ils veillent donc sur leur trésor ; nous ne conservons que ce que nous nous donnons la peine de garder. Que personne ne se croie à l'abri des malentendus, des froissements, des refroidissements que produirait sa négligence ou sa faiblesse. Appelé à choisir, sinon entre deux devoirs, du moins entre les prétentions de deux affections légitimes qui aspirent à la première place, personne n'est dispensé de faire ce choix douloureux mais salutaire, nécessaire devrais-je dire.

Je supplie en particulier les mères d'éviter une tentation qui se présente à elles presque toujours donner à leur enfant la place de leur mari. Cela semble si simple ! Le mari lui-même en est si peu surpris ! La passion exclusive de la mère pour son enfant rencontre tant de sympathies ! Et précisément, voilà le danger. On ne pense plus qu'à son enfant, et le mari, qui n'est ni étonné, ni blessé, prend peu à peu les habitudes du second rang. Or, il n'y a pas de second rang pour les époux ; c'est tout ou rien ; le vrai mariage est ou n'est pas, voilà la seule question.

Je parle du mariage tel que l'Évangile l'a voulu, et non de celui que le moyen-âge avait conçu. Celui-là, honteux de lui-même, rabaissé, sorte de pis-aller des âmes imparfaites et de compromis avec la faiblesse humaine, n'avait d'autre but, ou mieux d'autre prétexte, que les enfants. Maintenant nous avons recommencé, je l'espère, à regarder vers un meilleur idéal. Si les enfants sont une grâce précieuse, s'ils apportent avec eux de nouveaux devoirs bien chers, s'ils ajoutent aux joies de la famille et aux liens établis entre les époux, il n'en demeure pas moins vrai que le mariage est complet en soi, qu'il possède par lui-même ce qui constitue son essence, que Dieu met son cachet sur l'union dès la première heure, qu'elle est dès lors grande, belle, abondante en bénédictions.

Oublier cela, c'est s'exposer à descendre beaucoup. Toute mère qui chérit son mari me comprendra. Elle se sentira pressée de veiller sur elle, d'écarter jusqu'à l'apparence d'une rivalité intérieure, de redoubler de tendresse envers celui qui est son bien-aimé, son unique, d'empêcher enfin que ce qui doit redoubler leur affection ne contribue à l'affaiblir. L'enfant n'en sera que mieux aimé pour être resté à sa place, et la famille entière s'affermira en s'agrandissant.

Nous avons encore un pas à faire : la soumission de la femme et l'amour des époux amènent à leur suite l'intimité.

L'intimité, le beau mot! et la belle chose! Est-il rien de plus délicieux? Voici un cœur qui compte absolument sur un autre cœur; on a *foi* l'un dans l'autre. Oui, foi; en dépit des témoignages, des apparences, jamais un doute ne naîtra, jamais une question ne sera posée. Nous nous connaissons, nous avons traversé ensemble les épreuves (si réelles) de la tendresse; maintenant tout est certain, tout est de bon aloi, tout a passé par le creuset; nous nous aimions, maintenant nous sommes un.

Oh, ravissement de croire en celui qu'on aime! Longtemps, l'affection n'a pas préservé de certaines craintes, la vivacité des sentiments n'était pas encore devenue de l'unité. Mais le jour arrive où, à force de s'aimer et de marcher côte à côte, on n'a plus l'un pour l'autre rien qui soit obscur ou secret. On a achevé de se révéler et de se donner. Et alors, en dépit des défauts que nous savons bien, car l'amour chrétien, qui n'est pas celui de la fable, n'a jamais eu de bandeau sur les yeux, en dépit des défauts et des misères, nous sommes sûrs.

On n'arrive point là sans efforts. C'est un noble et laborieux métier que celui des gens qui gardent et accroissent leur trésor de bonheur. Il y a là toute une création à accomplir lentement, jour après jour, au sein de la famille. Oui, les époux se créent réciproquement ; ils deviennent autres qu'ils n'étaient, ils apprennent, ils découvrent des horizons nouveaux ; à mesure qu'ils avancent ils s'aperçoivent que le lot qui leur échut est bien meilleur qu'ils ne l'avaient d'abord supposé, que leur voyage de la vie traverse des contrées bien plus ravissantes qu'on ne le leur avait dit ; ils marchent, ils marchent, leur point d'arrivée sera loin de leur point de départ.

Mais aussi que d'obstacles sur la route! Il a fallu les franchir courageusement. Ils ont rencontré ces froissements, ces orages que connaissent les plus tendres unions. Des torts réels se sont produits ; des malentendus sont venus çà et là jeter un trouble passager dans leurs cœurs. Ils ont eu besoin de supporter, de pardonner et de se faire pardonner aussi ; ils ont eu besoin de croire. Le véritable amour croit et ne se repent pas d'avoir cru. La patience est une de ses vertus ; il saura attendre, il n'attendra pas en vain.

C'est ainsi qu'on parvient jusqu'à l'intimité. Au reste, pour arriver là, la première condition est de ne pas prendre les chemins qui s'en éloignent.

L'intimité est impossible, lorsqu'un tiers, quel qu'il soit, intervient entre les époux. Ce que la femme ne dit pas à son mari, elle le raconte alors, et en grand détail, à ce tiers. Ce sera une mère, ce sera une amie préférée, ce sera un conseiller, un directeur. Et qu'on ne s'y trompe pas, les protestants peuvent aussi avoir des directeurs, le mari peut en prendre un comme la femme. Lorsque nos confidences ne se renferment pas dans le tête-à-tête conjugal, lorsque les questions délicates du foyer se posent ailleurs, l'union se dénature, elle descend et il n'est plus question d'atteindre à la communauté absolue des pensées et des sentiments : un sacrifice immense de bonheur et de sanctification s'est accompli.

Le monde aime les directeurs et il n'y renoncera jamais. Le monde, au reste, s'empresse à nous fournir les autres moyens d'éviter l'intimité ; il nous enseigne à dire : Chacun sa famille, chacun ses intérêts, chacun ses travaux. Autant de maximes qui coupent comme le tranchant du glaive ; l'union n'y résiste pas.

Chacun sa famille. — Je ne veux rien exagérer ; il y aura toujours une différence pour nous entre notre famille et celle où nous sommes entrés en nous mariant. Pourquoi exiger l'impossible ? L'unité des sentiments ne réclame pas la suppression de certaines nuances naturelles ; elle vit de vérité, et par conséquent elle n'impose à personne des sentiments exagérés ou artificiels.

Mais autant il est simple que chaque époux conserve aux siens un attachement spécial et ne s'étonne pas si à ses côtés on ne l'éprouve pas au même degré, autant il serait dangereux que ces différences dégénérassent en antagonisme. Aisément on se laisserait entraîner à ouvrir entre les deux parentés une sorte de compte par doit et avoir, portant au crédit de sa famille les soins, les visites, les marques d'amitié qui lui sont dus, et au débit de l'autre famille tout ce qu'elle a reçu déjà. Il naît de là une disposition à la susceptibilité. Au fond des mots trop souvent répétés : « ma famille, sa famille, » il y a déjà de la désunion. C'est le tien et le mien qui font leur triste apparition dans le ménage. On s'en défie d'autant moins qu'ils ont pris cette fois un air qui n'a rien de l'égoïsme, qui ressemble même au devoir et au dévouement. Les vices déguisés en vertus, quelle amorce ! et nous allons, nous allons ainsi, cessant de nous comprendre sur certains points, presque en garde l'un contre l'autre. Ce n'est pas le moyen d'arriver à l'intimité.

On ne surmonte le mal que par le bien, on ne surmonte les dissensions naissantes que par un redoublement et en quelque sorte un déploiement d'amour; il s'agit de faire un retour offensif et de décourager l'ennemi. Cet ennemi, je viens de le dire, a plusieurs manières d'attaquer : hier il s'embusquait derrière notre famille, demain il s'embusquera derrière notre fortune ; toujours le tien et le mien.

Il n'entre pas dans mon plan d'aborder les discussions techniques, d'examiner le régime dotal et celui de la communauté. Partisan de la complète union, je veux, bien entendu, ce qui l'affirme plutôt que ce qui la nie ; mais les questions de régime ne sont pas ici les grandes questions ; ce qui importe, c'est l'esprit qu'apportent les époux dans le maniement de leurs intérêts. Il dépendra toujours d'eux, en définitive, de rapprocher au lieu de distinguer ; leur contrat ne sera pas plus fort que leur volonté, et une communauté bien réelle finira par s'établir, en dépit des piéges, des traquenards, des palissades, dont la main des notaires aura semé le terrain sur lequel ils doivent se rencontrer.

Leurs fortunes demeureront distinctes ; et que leur importe ? Ils n'en feront pas moins bourse commune. En vertu d'un partage tout naturel et conforme à leur situation respective, le mari administrera en grand et la femme en détail; l'un aura le maniement des biens, l'autre aura celui du ménage. Ce sont deux royaumes, mais dont les frontières se touchent et dont les souverains voisinent volontiers. Ne me parlez pas de ces maris qui gardent pour eux le secret de leurs affaires, comme on garderait un secret d'État; et ne me parlez pas non plus des femmes qui ne savent pas mettre quelquefois leur mari dans la confidence des difficultés de leur administration. Il y a une bonne grâce infinie dans l'habitude de vivre à cœur ouvert.

Quelque chose fait obstacle à l'intimité, lorsqu'une femme ne sait rien des recettes, elle qui doit pourvoir à la dépense, lorsqu'elle n'est consultée sur rien, lorsque les placements, les déplacements s'opèrent sans qu'elle en soit avertie, lorsque les grandes choses sont tenues à distance, comme inabordables pour sa faible capacité. Bien que son mari soit évidemment appelé à décider et que son rôle de chef de famille trouve là une de ses applications incontestables, cependant l'avis de la femme n'est point à mépriser. D'ailleurs, indépendamment des lumières qu'elle apporte par cela même que son point de vue n'est pas le nôtre, qu'elle est plus circonspecte et plus effrayée des grands partis, plus préoccupée de la régularité des ressources journalières, plus frappée parfois des considérations de délicatesse et d'extrême loyauté, il est bon de lui parler parce qu'il est bon de tout dire, de s'entendre en tout, de s'unir en tout.

Peut-être y aura-t-il des heures difficiles à traverser, peut-être y aura-t-il des menaces de ruine, des décisions à prendre, des retranchements à opérer ; est-ce trop alors de se mettre à deux pour vaincre la tempête et gouverner vers le port? De quel poids nous pèsera alors notre coupable isolement! Et qui nous rendra ce qu'il y aurait eu de douceurs dans nos confidences conjugales? Nous y aurions appris à nous mieux connaître, à nous mieux aimer, à nous mieux soutenir. « L'aide semblable à nous » (j'y reviens toujours) aurait montré ce qu'elle est capable de faire. Nous ne l'avons pas voulu.

Et qu'arrive-t-il? Non-seulement le secours, la joie, le progrès des affections nous font défaut, non-seulement cette main n'a pas serré la nôtre à l'heure où nous aurions tout donné pour une telle étreinte, mais un état de tension douloureuse s'est établi entre nous. Les femmes sont perspicaces; on leur cache bien moins qu'on ne le croit les embarras par lesquels on passe. Elles ont deviné, deviné comme on devine, à moitié. Et quand on devine à moitié, on s'exagère les choses; ce qu'une explication bien cordiale aurait aplani, se transforme en difficulté sérieuse qui trouble le bonheur domestique et compromet l'union.

Les hommes qui ont la vénération des affaires et qui tiennent à habiter seuls ces hautes régions ne savent pas tout ce qu'ils retranchent ainsi au charme de leur vie de famille. Je viens de parler des jours difficiles; pourquoi ne parlerais-je pas aussi des moments de prospérité? Quelle joie de rendre grâce à deux, de comploter à deux quelque emploi charitable d'un surcroît de ressources! Il est mille choses à se dire en pareil cas, des choses qui unissent toujours plus, des choses qui rendent heureux et qui font du bien. L'intimité ne vit pas d'abstractions et ne réside pas dans les nuages; elle séjourne sur la terre, au milieu des réalités d'ici-bas. Si nous ne lui donnons que des phrases, de beaux principes, des intentions admirables, si nous lui enlevons les faits, elle périra d'inanition.

C'est bien autre chose encore, si nous la repoussons brutalement. On ne se borne pas toujours à séparer les administrations, on sépare les intérêts; non content d'envelopper sa gestion de mystère, on souligne, on aggrave les distinctions de fortune que les vrais époux oublient le plus possible tout en les respectant. Voici les biens de monsieur et voici ceux de madame; madame aura une pension pour sa toilette et pour ses pauvres; que sais-je? Il me répugne d'entrer dans ces détails. Que nous sommes loin de la famille! Qu'il sera difficile de s'aimer avec abandon après s'être si bien barricadé chacun chez soi! Comment, comment, au travers de tant de fossés et de remparts armés en guerre, parvenir à l'intimité?

Je ne saurais assez le répéter ici, qui dit intimité dit communauté. Si elle recule devant ces mots : « Ma famille, ma fortune, » elle ne recule pas moins devant ceux-ci : « Mes études, mes idées, mes travaux. »

Encore une forme sous laquelle le tien et le mien se glissent au foyer. Rien ne semble, au premier abord, plus innocent. La vocation du mari est-elle celle de la femme? De quel droit lui imposerait-il l'ennui d'une association contre nature? Faudra-t-il qu'elle fasse de la politique s'il est à la Chambre, du droit s'il plaide au Palais, de la médecine s'il est docteur, des spéculations s'il est commerçant, de l'agriculture s'il est fermier?

Eh bien, oui, il faut qu'elle en fasse. Il y a bien des manières de s'occuper de chaque chose. Je n'exige pas (cela la regarde) qu'elle recommence son éducation et se mette à l'étude pour mieux s'associer à ce qui préoccupe son mari; je prétends seulement qu'elle n'y saurait demeurer étrangère, si elle aspire à l'intimité. Les bons maris et les bonnes femmes, laissez-moi les nommer ainsi, ne me démentiront certes pas. Ils savent à quel point est aisée au fond, et douce, et nécessaire, cette mise en commun des idées.

Est-il bien possible, quand on s'aime, de s'isoler les trois quarts du jour, pour se retrouver un moment, et recommencer ensuite deux existences réellement séparées? Nos idées, c'est une grande part de nous-mêmes; et cette part, nous ne la donnerions pas! Sous quel prétexte? Je le cherche en vain

Quelqu'un aurait-il le courage de soutenir que les femmes ne sont pas capables de nous suivre dans nos sublimes méditations? J'en doute. Si elles semblent parfois absorbées par les chiffons, si tout ce qui n'est pas leur ménage paraît les ennuyer, la faute en est à nous. De quel droit avons-nous méconnu le rôle sérieux que Dieu leur destinait. De quel droit avons-nous mutilé leur vie? Nous seuls les avons condamnées à l'oisiveté intellectuelle; si elles avaient été nos compagnes, dans le sens élevé et complet du mot, elles ne seraient pas ces créatures frivoles ou bornées dont nous affectons de parler, tantôt avec le dédain qu'éprouvent les êtres supérieurs, tantôt avec une adoration où l'âme entre pour peu de chose et qui n'est pas moins dépourvue de respect.

Il ne s'agit pas de leur faire faire à leur tour nos études professionnelles; mais chaque vocation a son côté profane, si j'ose parler ainsi, par lequel elle est accessible à quiconque pense et réfléchit. Ce côté, qui n'est pas le moins important, est celui que les femmes, douées d'une intuition si prompte, aborderont toujours aisément. Il n'y a pas ici de règle absolue à poser : les unes, plus intelligentes, plus éclairées, peut-être plus passionnées, iront assez loin ; les autres s'arrêteront vite en chemin. Qu'importe, pour toutes le mur de séparation sera tombé, la communauté des occupations et des préoccupations sera fondée.

Vous craignez de les fatiguer! Rassurez-vous. Ce qui les fatigue, c'est de végéter dans le vide, de passer à côté de l'existence si pleine de leurs époux sans être admises même à s'y intéresser. Lorsqu'on ne peut parler de rien de sérieux, il faut bien recourir aux banalités, et voilà la famille réduite à ce maigre régime. Croyez-vous que cela fasse des destinées bien agréables? Non certes. Aussi chacun s'échappe-t-il dès qu'il peut. Le mari a hâte de retourner à ses livres, au travail de la pensée, du moins aux amis qui sont en état de le comprendre. La femme a, elle aussi, son cercle de pensées et son cercle d'amis. Après avoir subi, dans la mesure convenable, l'ennui de se rencontrer sans se rien dire de ce qui remplit l'intelligence, on s'en va à ses vraies affaires, à son vrai centre, à sa vraie vie.

Entendons-nous bien, car ce sujet-ci est semé d'embûches et il convient de prendre ses précautions quand on se risque à le traiter. Personne ne songe à transformer nos demeures en académies, nos repas et nos entretiens intimes en passes-d'armes scientifiques ou littéraires. Lorsqu'un homme rentre chez lui, il ne faut pas que sa profession s'y poursuive; son désir, très-naturel, est de s'en distraire, de respirer un autre air, de parler un peu de tout, de se retremper dans la tendresse des siens, dans les douces distractions du foyer, le babil des enfants, la musique, les causeries à bâtons rompus. Il a envie de perdre un peu son temps. Il maudirait, le malheureux, le pédantisme domestique qui, embusqué derrière le seuil, lui mettrait le pistolet sur la gorge et le forcerait à discuter des thèses.

Personne, on peut le croire, n'en est plus convaincu que moi. Les thèses m'attirent peu en général, et les belles conversations tendues ne sont pas mon fait; si je les voyais entrer par ma porte, je serais capable de m'enfuir par la fenêtre. Mais rassurons-nous, les femmes les aiment encore moins que nous, et ce ne sera jamais par elles que l'ennemi sera introduit dans la place; elles tiennent trop à cet abandon plein de charme que réclament les rapports de famille et dont elles ont le secret.

Il ne s'agit donc pas de professer; il s'agit de comprendre son mari, d'établir entre soi et lui le va-et-vient des impressions et des sentiments. S'intéresser aux grandes affaires qui le préoccupent, accueillir ses confidences, lui faire trouver chez lui ce que tant d'hommes cherchent ailleurs, une intelligence à sa portée, tenir quelquefois conseil ensemble sur les partis à adopter, parler sérieusement quand il le faut, mettre réellement en commun de part et d'autre toutes les pensées, il me semble que c'est quelque chose. Cela n'exige ni grande étude, ni grands efforts, ni capacité hors ligne de la part de la femme; cela exige, de la part du mari, quelques encouragements, un peu d'ouverture de cœur, et d'abord un certain besoin d'intimité.

La crainte de fatiguer ou d'ennuyer notre femme en agissant ainsi est, j'ose le dire, une crainte légèrement hypocrite. Les femmes éprouvent plus que nous le besoin de l'intimité. Abandonnées dans leur ménage, isolées de la vie intellectuelle de leur mari, elles se sentent en dehors de leur position normale et privées d'un droit qui leur appartient. C'est bien alors que l'ennui les saisit, que les terribles tentations du vide assaillent leur âme, qu'elles vont cherchant de droite et de gauche l'aliment qu'on leur refuse et dont elles ne sauraient se passer. Il y a un pain quotidien de la pensée; tâchons qu'il abonde sous notre toit; ne nous imaginons pas qu'on améliore ceux qu'on appauvrit, et qu'en s'enfermant avec roideur dans le domaine réservé des occupations viriles on rende la vie de famille plus saine ou plus douce autour de soi.

En tous cas, nous serons les premiers à souffrir de la séparation que nous aurons créée. Nous aurions pu trouver tant de joies, tant de secours cachés, auprès d'une femme devenue notre vraie compagne! Je me représente en particulier l'homme qui se livre au rude labeur de la pensée. Sa plume lui suffira-t-elle? Est-ce assez pour lui de ses livres, de ses méditations solitaires, de ses relations avec d'autres hommes? Ne manquera-t-il pas quelque chose d'essentiel, je ne dis pas seulement à son bonheur, mais à sa valeur intellectuelle et morale, s'il fait de son cabinet une cellule et si, marié, il mène la vie d'un cénobite?

Nos femmes nous complètent, bien plus que nous ne l'imaginons. Il est tout un côté des affaires humaines qui nous échappe et qu'elles savent voir; il est des nuances délicates que notre nature un peu gauche saisit mal; il est aussi des devoirs qui les trouvent plus résolues que nous. Et puis, qui s'est dévoué à une grande cause sans avoir rencontré l'une de ces heures de découragement et de défaillance où nous sommes tentés de croire que rien de bon ne peut réussir ici-bas, où les nobles causes sont désertées par les hommes et semblent en vérité être abandonnées par Dieu lui-même? Quel bien alors ne nous ferait pas la rencontre d'une véritable sympathie! Ce n'est pas au premier venu que nous avons besoin d'aller, les condoléances vulgaires et les sèches leçons nous causeraient une égale horreur. Où est-elle notre amie, notre confidente-née, celle qui aurait souffert avec nous et plus que nous, qui nous aurait relevé, qui nous aurait parlé le langage de la foi persévérante et sûre de vaincre? Hélas, elle n'est pas loin et elle est bien loin. Entre elle et nous nous avons mis la distance de notre sécheresse, de notre sot orgueil, de notre isolement intellectuel, et qui pis est, de nos habitudes. Toute habitude est un tyran; on craint de lui déplaire. L'habitude est prise, nous n'osons changer. Il faudrait un effort, nous ne le ferons pas. Ce serait un événement, nous serions forcés d'expliquer cela; nous ne saurions comment nous y prendre. Et le silence continue, et l'isolement devient sans remède, et tandis que le mari tourne le dos à l'intimité, le champion des bonnes causes se dégoûte ou s'affaiblit.

Encore si nous ne nuisions qu'à nous-mêmes! Par malheur, il n'en est pas ainsi. Elle est là, celle qui ne nous demandait qu'un peu de confiance, celle qui, doucement, tendrement, serait venue à nous aux heures difficiles, celle qui nous aurait compris, qui nous aurait suivis, fût-ce de loin. Elle est là, celle que nous pouvions rendre heureuse, qui se serait donnée si nous nous étions donné, celle dont la main, déjà tendue, aurait saisi la nôtre. Nous aurions pu marcher ensemble; c'était son droit d'être guidée par nous dans les chemins où une femme n'avance pas seule. Nous possédions le privilége de féconder cette intelligence, de donner un intérêt puissant à cette vie; nous ne l'avons pas voulu. Nous n'avons pas voulu qu'elle fût notre aide, et nous avons refusé d'être le sien. Nous l'avons repoussée vers les vanités desséchantes du monde. Maintenant, sa vocation de femme est manquée, et notre maison retombe au rang des choses banales : nous ne nous disputerons pas, nous ne nous séparerons pas, nous mènerons régulièrement nos affaires, nous élèverons honnêtement nos enfants, nous arriverons sans encombre au bout de la vie, nous passerons pour des gens heureux; mais le vrai bonheur, le grand, qui nous avait un jour frôlés de son aile, se sera envolé loin de nous, nous n'aurons pas porté un seul instant à nos lèvres la coupe enchantée de l'intimité.

A fuir l'intimité on risque plus encore, et je n'ai

garde de garantir à qui que ce soit même cette félicité négative dont je viens de parler.

Quelques-uns, les mieux partagés, ne dépasseront pas les limites d'un isolement convenable. Le mari et la femme auront chacun leur dicastère, où ils se tiendront enfermés. L'un aura le département des affaires, l'autre celui de la frivolité. Du reste, liberté de part et d'autre, il est entendu qu'on ne veut pas se gêner réciproquement.

La solitude dans l'union, c'est un lourd fardeau; toutefois on aurait mauvaise grâce à s'en plaindre : N'est-ce pas le sort commun? N'est-ce pas même, au dire de bien des gens, le beau idéal en fait de mariage? Au régime dotal et à celui de la communauté n'a-t-on pas eu le talent d'ajouter ce que j'appellerai le régime de la séparation morale?

Et, en effet, tant qu'il n'y a rien de plus, on ne se plaint pas ; on se contente de souffrir en dedans lorsqu'on a encore un cœur, et d'être content (ceci fait frissonner) lorsque les grandes aspirations de l'âme ont achevé de se dessécher et de périr. Mais les infortunes que le monde déplore se tiennent bien près du faux bonheur qu'il a inventé. Les unions sans intimité sont pareilles à des arbres plantés dans une terre peu profonde, qui restent verts les premières années et qui jaunissent ensuite, dès que leurs racines ont atteint le sous-sol; loin de se fortifier avec le temps, elles dépérissent; les pauvres illusions superficielles du début s'en vont une à une; il ne reste plus que le fait brut, un ménage, des intérêts matériels, des enfants, et ce qui tient parfois lieu de tout le reste, des habitudes.

Qu'il survienne alors un incident, un entraînement, ou simplement un malentendu, le drame domestique, qui n'était qu'ennuyeux, se fait déchirant. Je ne veux pas raconter ce que chacun ne sait que trop; il me suffira de rappeler ce que nous apprend à lui seul le redoutable chapitre des malentendus. Si l'intimité dit tout et sait tout, si elle vit tranquille au plein jour de la confiance mutuelle, l'union prosaïque, elle, ne dit rien et ne sait rien, elle avance à tâtons au travers des ténèbres. De là les soupçons, et les faux rapports, et les apparences trompeuses, et enfin les sanglantes tragédies du foyer. Oui, les unions sans intimité ont leurs catastrophes; ceux qui s'accommodent volontiers peut-être du triste bonheur qu'elles donnent devraient penser aux cruelles douleurs qu'elles enfantent aussi.

Que ne puis-je leur dépeindre surtout le charme de l'union intime! Le charme, c'est bien cela. Là apparaît et se déploie de jour en jour cette tendresse particulière, unique, dont notre premier amour lui-même n'avait pas possédé le secret, cette tendresse qui subsiste en se transformant et grandit au travers des différents âges de la vie. L'intimité a le don de l'éternelle jeunesse; on dirait une adolescence aimable et grave qui ne se flétrit jamais. Associée aux pensées, aux travaux, à l'existence entière de son mari, la femme devient cette vraie compagne, cette « aide » des bons et des mauvais jours, qui nous soutient du cœur, de la voix, du regard, qui n'est jamais lasse de nous faire du bien. Elle est cela, et demeure cependant, la douce ménagère, humblement vouée au gouvernement de sa maison.

C'est un de ces cas (il en est de tels, grâce à Dieu) où la réalité dépasse de bien loin la poésie. Qu'elles sont gracieuses, ces ménagères-là! Et comme elles excellent cependant à mettre en lumière tout le sérieux de l'union! L'intimité des époux chrétiens tend sans cesse à les rendre meilleurs. On ne vit pas impunément en pleine lumière; nos vices ont besoin de se cacher pour durer; amenés en plein jour, ils sont à moitié vaincus. Et puis ne se met-on pas deux à les attaquer par la vigilance, par l'humiliation, par la prière? Les avis fidèles qui se donnent ainsi ne nous touchent-ils pas jusqu'au fond de l'âme, par cela même qu'ils ne ressemblent jamais à une leçon et parce que nous sentons que les fautes ont été mises dans la communauté, comme le reste?

L'intimité nous enseigne la loyauté. Il est une grande loyauté, imprudente, chevaleresque, qui aime à naître de la sorte, au sein des existences à ciel ouvert. Accoutumés à n'avoir pas de secrets l'un pour l'autre, nous en venons à ne plus comprendre les cachoteries et les détours de l'habileté vulgaire. La vérité est entrée chez nous; elle y est devenue souveraine. Ah, ce n'est pas peu de chose d'échapper aux étroites combinaisons, aux demi-mensonges, aux intrigues qui habitent trop souvent sous le toit des gens médiocrement unis. Là, ce que la tendresse et la confiance ne sauraient faire, on le demandera peut-être à la ruse; on aura des flatteries, des paroles mielleuses pour parvenir à son but; on dira ce qu'il faut dire, on pensera ce qu'il faut penser, on tombera dans ce misérable train de diplomatie domestique où viennent s'user et se rapetisser tant d'âmes qui eussent été capables de mieux que cela.

L'intimité crée des caractères, car elle crée des indépendances. On se sent si fort à deux! Derrière ce rempart on redoute si peu l'ennemi! Vous pouvez m'attaquer, me refuser votre appui et vos sympathies; j'en souffrirai, sans doute, mais j'ai un asile. Réfugié là, je cesse d'entendre les bruits du dehors. Je suis rentré avec une blessure; une main amie s'est posée sur elle et m'a guéri. Nous avons parlé de cela, de mâles conseils m'ont relevé, j'ai senti qu'il y a quelque chose qui passe avant l'approbation, le devoir.

Et c'est ainsi que l'intimité poursuit l'œuvre admirable que Dieu l'a chargée d'accomplir : elle nous dépouille de nous-mêmes. Il ne suffit pas d'abdiquer l'égoïsme en gros, il faut encore y renoncer en détail. Ce que l'Évangile nous a enseigné, l'intimité chrétienne nous le fera mieux saisir. Je ne connais pas de milieu où les préoccupations personnelles se sentent plus mal à l'aise; nous nous trouvons odieux, nous ne nous pardonnons pas de penser à nous, nous comprenons, que dis-je, nous possédons un bien supérieur mille fois aux pauvres jouissances d'amour-propre qui nous tenaient asservis.

Il est brillant et ferme, l'alliage qui naît de la fusion de deux vies. Pour qu'il y ait alliage, il faut plusieurs métaux, et ce qui sort d'eux vaut mieux qu'eux. Voici deux âmes : l'une est plus simple peut-être, l'autre est plus délicate, chacune a ses qualités et ses défauts; que l'intimité allume son feu puissant et doux : bientôt un métal nouveau, un noble métal et qui défie les siècles, jaillira de cette ardente fournaise.

J'ai appuyé sur les devoirs des époux et, en général,

sur ce qui se rapporte au mariage, parce que là se trouve, nous l'avons vu, la base même de la famille. Mon insistance n'aura pas plu à tout le monde ; les partisans, et ils sont nombreux, d'un lien beaucoup moins étroit, réclameront à qui mieux mieux. Je les entends d'ici :

« Nous n'avons pas de prétentions si hautes. Vous nous découragez en exigeant trop, et presque en promettant trop. Ce bonheur que vous peignez de couleurs si vives, il nous ferait peur, nous ne saurions qu'en faire. Parlez-nous des unions telles que nous les voyons autour de nous sans monter ainsi jusqu'au ciel, des unions toutes simples, toutes bonnes, toutes bourgeoises, où l'on ne recherche ni les grandes passions, ni les intimités envahissantes, ni les sentiments alambiqués quels qu'ils soient. »

S'il ne s'agit que d'exclure les sentiments alambiqués, nous sommes d'accord. J'ajoute que la simplicité est un des caractères de la tendresse. Comme celle-ci est la vérité même, elle ne supporte rien qui ne soit vrai. Les affectations, les miévreries de langage, les mignardises, les recherches feraient au sein de l'intimité le même effet que des sons faux au milieu d'un magnifique concert. Forcer ses sentiments ou ses paroles quand on s'aime, quand on se connaît, quand on vit à cœur ouvert, ce ne serait pas seulement absurde, j'ose affirmer que ce serait impossible. L'intimité ne parviendrait pas, le voulût-elle, à tomber dans l'afféterie. Le simple, ce n'est pas en bas, c'est en haut qu'il faut le chercher.

Mais voilà justement ce qu'on ne veut point. Pourquoi s'élever? Pourquoi faire effort? Le bonheur terre à terre n'est-il pas le plus souhaitable de tous! Est-il donc nécessaire de se donner tant de peine pour être heureux!

Oui, certes; Dieu a voulu que le bonheur, comme tout ce qui est bon, nous coûtât quelque chose; il a voulu qu'il fût un fait moral, et non pas un accident. Voilà pourquoi il l'a si étroitement uni au devoir, en sorte qu'en étudiant la famille, cet instrument de bonheur auquel rien ne peut se comparer ici-bas, nous avons été forcés de commencer par le devoir. Le devoir et le bonheur, le devoir et l'amour, le devoir et le mariage, le devoir et la famille, il y a là une connexité puissante qu'on ne parvient pas à mettre en doute.

Aussi notre modestie en fait de bonheur est-elle percée à jour; elle s'appelle égoïsme. Nous n'avons de petites ambitions en matière de tendresse que parce que nous redoutons les grands dévouements. Il nous déplaît de sortir de nous-mêmes, de nous donner, et alors nous nous hâtons de renoncer aux intimités hors ligne, aux unions « exceptionnelles. »

Qui a parlé d'unions exceptionnelles? C'est du mariage ordinaire qu'il a été question. Le mariage doit être cela, sous peine de cesser d'être ce que Dieu a voulu qu'il fût. Que notre imagination ne se mette pas en quête de situations brillantes, de caractères ravissants, d'intelligences supérieures; prenons les conditions habituelles de la vie, les difficultés, les défauts; dans ce milieu, aussi obscur et aussi vulgaire que nous voudrons le supposer, mettons l'amour et la foi; aussitôt tout sera transfiguré. Des époux qui s'aiment et qui prient, je ne vous en demande pas davantage; ignorants peut-être, médiocres peut-être, ne dépassant en rien le niveau commun, ils n'en monteront pas moins dans les hautes régions que j'ai essayé de décrire. Le cœur est toujours le cœur ; toujours en voyant ce qui en sort, les égoïstes épouvantés crient au miracle et courent chercher un refuge dans la théorie des bonheurs exceptionnels.

Nous avons en nous de tristes instincts qui nous ramènent tout près de terre. Prenons-y garde, le sentiment qui nous porte à diminuer notre vie et à modérer nos ambitions de félicité n'est autre que celui qui nous porte à éloigner de nous les tâches viriles, à redouter les efforts, à tourner le dos aux progrès. S'asseoir dans la fange des lieux bas, ce n'est pas être humble ou modéré, c'est être lâche. La crainte de gravir les pentes, voilà ce qu'il y a au fond de cette indifférence que nous professons pour l'air vivifiant des sommets. Je ne vois rien de gloirieux à mettre notre repos avant tout, avant le devoir, avant le perfectionnement moral, avant le bonheur des autres, avant notre propre bonheur.

Depuis que le monde existe, l'école des bonheurs modérés est ouverte, et elle ne manque pas de disciples. N'être pas trop sensible, pas trop ardent, pas trop ami, pas trop parent, pas trop mari, pas trop citoyen, engourdir son cœur, rétrécir sa vie, se faire une petite retraite où ne pénètrent que quelques compagnons, où les plaisirs soient tranquilles et où nous soyons à l'abri des émotions, voilà quelle est la théorie de cette école. « Rien de trop, » le mot est resté. Quand on est de cet avis, on lit Horace, on le traduit au besoin, on ne se marie pas ou on se marie aussi peu que possible. Il va sans dire qu'on n'a que faire de l'intimité.

Il est certain que l'intimité est gênante. Le bonheur est gênant, la vie est gênante. En la réduisant au minimum, en atténuant les battements de nos cœurs, nous nous épargnerons bien des embarras. Peu vivre pour peu souffrir, c'est un calcul que je connais. A côté de ce bien-être des existences mutilées, qu'elles me semblent désirables et belles, je ne dis pas les joies, mais les douleurs des existences complètes! Là du moins il y a du travail, du progrès; là du moins la vie a un sens; voilà des âmes qui avancent dans la lumière et vers la lumière.

Avancer, tel est le grand point. Aucun de nous

n'est arrivé; ce que je disais en commençant je le répète ici : nous sommes gens en route. Nous avons tous bien des pas à faire sur le chemin de l'intimité, du devoir et du bonheur. Mais nos regards sont fixés sur le but. C'est là-haut, là-haut qu'il faut parvenir. Nous parviendrons ; nous mesurons des yeux, sans découragement d'aucune sorte, la distance qui s'étend encore devant nous ; il est si doux de monter en contemplant ensemble les grandes cimes et en se tenant par la main !

CHAPITRE TROISIÈME

LES DEVOIRS DU PÈRE ET DE LA MÈRE

Ces devoirs se résument en un mot bien simple et bien grand : éducation. Les traités d'éducation abondent ; non-seulement j'éviterai d'en écrire un à mon tour, mais je résisterai à la tentation de consulter ceux que j'ai lus et dont je sais le mérite. A défaut d'autre chose, il faut que le lecteur trouve ici une pensée indépendante, spontanée, qui soit vraiment à moi.

Élever ses enfants, quelle mission ! Voilà des âmes précieuses et chéries auxquelles nous allons faire beaucoup de bien ou beaucoup de mal. L'action qui nous est confiée étendra ses conséquences sur leur vie entière ; elle durera lorsque nous ne serons plus ; elle se prolongera au sein de l'éternité. Dans un sens réel et profond, nous sommes chargés de leur tout donner, l'instruction, le caractère, la foi. Notre pouvoir sera immense et notre responsabilité égalera notre pouvoir. Des difficultés, aussi immenses, nous attendent : difficultés venant de nos enfants, difficultés venant du dehors, difficultés venant de nous-mêmes. Cet avenir qui semble remis en nos mains, il est obscur ; c'est une énigme que nos yeux cherchent en vain à deviner. Nous ne savons rien, rien absolument.

Je me trompe, nous savons notre devoir, et nous savons aussi qui est Celui qui, en imposant le devoir, promet de ne pas nous refuser la force de l'accomplir. Ah, quels sont les époux chrétiens qui, au moment d'entreprendre leur nouvelle tâche, n'ont pas éprouvé le besoin de se jeter aux pieds du Seigneur ! Il faut qu'il donne tout, aujourd'hui, demain, et jusqu'au bout ; il faut qu'il soit le père de nos enfants ; il faut que nous nous sentions avec eux dans ses bras.

Demandons et nous recevrons. Cependant il y aura des heures d'angoisse ; élever ses enfants, c'est, à la lettre, les mères le savent, les mettre au monde une seconde fois avec douleur. Mais aussi, quelle joie et quel privilége : faire des hommes ! Il arrivera un jour où, sous l'influence bénie de la maison paternelle, des bons exemples, des douces leçons, de la tendresse, de la fermeté, des larmes, des prières, l'homme se sera formé chez nos enfants, l'homme véritable créé à l'image de Dieu. Alors ces genoux qui se sont ployés en commençant l'œuvre se ploieront de nouveau dans un sentiment d'ineffable gratitude.

Tout se tient dans la famille, et nous remplirons bien mal nos devoirs de parents si nous avons négligé nos devoirs d'époux. Il ne manque pas de gens qui méconnaissent cette vérité ; il leur semble presque qu'ils apporteront à l'enfant ce qu'ils ont ôté à la femme ou au mari. Oui, on pourra aimer passionnément son enfant, se consacrer à lui, négliger ce qui n'est pas lui ; en sera-t-il mieux élevé pour cela ? Dieu n'avait-il pas préparé pour son éducation le milieu de la famille unie, de l'intimité conjugale? Votre foyer éteint ne le réchauffera pas; votre intérieur où règne une demi-séparation n'est pas ce qu'il faut à sa jeune âme. Ce que vous lui donnerez ne vaudra jamais ce que vous lui avez ravi. On ne remplace pas les institutions divines. Votre enfant aura une mère, c'est bien; il aura un père, c'est bien; mais il avait droit à un père et à une mère qui fussent des époux, et il se fait dans sa vie morale une lacune que rien ne saurait combler désormais.

Je connais peu de spectacles plus navrants que celui-là. Dans une maison où chacun vit de son côté, où l'intimité est inconnue, d'où l'affection conjugale s'est même exilée pour faire place au régime glacé des convenances et des égards, voici un enfant que sa mère chérit avec une ardeur fébrile; elle voudrait, pauvre femme, racheter en quelque sorte le péché de la famille; elle voudrait se tromper elle-même; elle voudrait satisfaire son cœur; à force d'aimer ce petit être, qui se laisse aimer, lui, elle voudrait se persuader que tout est dans l'ordre. Eh bien, non, l'ordre est au contraire interverti et son enfant en souffrira. Elle pourra beaucoup, sa tendresse fera des miracles ; mais il ne lui sera pas donné de changer l'air qu'on respire autour d'elle. L'air que nous respirons agit plus sur nous que les leçons ; les exemples nous frappent plus que les préceptes, et l'on apprend plus en regardant agir ses parents qu'en les écoutant parler. La mère ne pourra pas toujours cacher son enfant dans ses bras ; il recevra les enseignements de la vie, et les meilleurs vont lui manquer. Ce n'est pas tout d'avoir une mère, il faut avoir une famille.

On peut aussi avoir une famille et ne pas avoir de mère. Chez les Anglais, l'union conjugale est en général très-étroite ; quant aux enfants, confiés à des bonnes, relégués dans la *nursery*, ils connaissent à peine leurs parents. C'est un peu ce qui se passait en France sous l'ancien régime, lorsque le fils et la fille venaient une fois par jour faire la révérence à monsieur leur père et à madame leur mère. On ne les aimait guère alors. Je ne crois pas qu'on les aime beaucoup en Angleterre; autant les relations entre époux y sont tendres, autant sont tempérées d'ordinaire celles qui existent entre parents et enfants. On souffre à voir ce qu'y sont fréquemment celles des frères et des sœurs. De là vient peut-être en partie ce fond de brusquerie qui perce chez les Anglais au travers de tant de qualités dignes de respect. Il leur manque d'avoir été « élevés »; la *nursery*, l'école publique, l'université, ce n'est pas la famille.

A un autre extrême, je rencontre en Suisse, particulièrement dans le canton de Vaud, une adoration de l'enfant qui dépasse toutes les bornes. Loin de l'abandonner à des mains étrangères, la mère se consacre à lui, ne connaissant que lui. Elle devient incapable d'autre chose ; elle ne voit plus personne, elle cesse de visiter les indigents, son temps entier est absorbé.

Cela peut être touchant, cela n'est pas bon. Ni l'enfant, ni la mère, ni la famille, ni la société ne gagnent à cette exagération d'un devoir. Il s'en faut d'ailleurs qu'elle soit universelle : dans le canton de Vaud comme en Angleterre, les exceptions abondent.

Je connais telle mère, telle femme faible et maladive, qui sait à la fois élever ses enfants, les aimer, leur donner des leçons, coudre peut-être quelques-uns de leurs habits et déployer une activité merveilleuse au dehors : elle monte chaque jour l'escalier des pauvres, elle dirige humblement des œuvres de vraie charité; et vous la diriez inoccupée, tant il lui reste d'heures pour son mari, pour son ménage, pour développer son intelligence, pour cultiver les arts, pour songer à tout et à tous.

Y a-t-il rien de plus grand, de meilleur sur la terre? Et pensez-vous que l'éducation, donnée par une semblable femme, n'ait pas une puissance presque irrésistible? Le bien qu'elle fait ainsi ne saurait se calculer; Dieu seul en a le secret. A côté de ses conseils elle a mis sa vie ; ses enfants sont enveloppés dans un courant auquel les cœurs les plus durs auraient de la peine à se soustraire.

Il nous faut de ces maisons qui élèvent, passez-moi l'expression. Il nous faut de ces familles où une influence bienfaisante s'exerce sans cesse, à l'heure des repas, des causeries, de l'abandon, de la franche gaîté, aussi bien qu'à l'heure des leçons. Là les enfants reçoivent des impressions qui commencent bien plus tôt et qui se prolongent aussi bien plus tard qu'on ne l'imagine. Oui, avant de pouvoir comprendre la parole de ses parents, l'enfant comprend déjà leurs regards, il s'imprègne déjà des émanations morales de la famille. Jusqu'à son dernier jour, l'influence durera ; il est des choses qu'on n'oublie jamais. Elles ne s'effacent que pour reparaître ; l'heure vient toujours où les images bénies du père et de la mère, où le souvenir de leur intimité, où le son même de leur voix, le sens précis de leurs paroles si sérieuses et si tendres, se représentent vivement à nous. Combien d'hommes ont été relevés de leur dégradation, ont repris goût au bien et se sont enfin tournés vers Dieu, parce que l'éducation du foyer, longtemps méprisée, les avait ressaisis tout à coup ! Je ne dis pas qu'on ne lui échappe jamais ; nous pouvons résister à la grâce, sous quelque forme qu'elle s'offre à nous. Rejetée, elle se change en responsabilité, en endurcissement peut-être, mais elle n'en est pas moins la grâce.

Notre temps, si fécond en paradoxes, s'est amusé à contester la puissance de l'éducation. Par un jeu d'esprit qui protége notre mollesse, nous nous disons que rien ne sert : les enfants sont ce qu'ils sont, les caractères ne se modifient pas. Ne voit-on pas les meilleures éducations aboutir à des résultats déplorables? Ne voit-on pas les pires éducations donner des résultats excellents? Ne faut-il pas avouer que les événements, les hasards de l'existence, surtout les tendances naturelles et indestructibles qui sont dans le cœur de nos enfants, agissent sur eux mille fois plus que notre exemple et que nos directions?

Ce qui me rassure un peu lorsque je rencontre de tels arguments, c'est de voir que ces fatalistes de l'éducation n'ont garde d'appliquer leur théorie. S'ils ont à choisir un précepteur, ils ont la faiblesse de préférer l'homme respectable à l'homme vicieux, ils ne trouvent pas indifférent d'entourer leurs fils d'amis honnêtes ou de mauvais sujets, ils ne lui prêtent pas de livres corrupteurs.

Ils se contentent (et c'est déjà beaucoup trop, mais la théorie n'a été inventée que pour cela) de se déli vrer à eux-mêmes une dispense d'énergie. Il leur déplaît de lutter contre le mal; il leur est plus facile et plus doux de consentir aux fantaisies de leurs enfants que de les contrarier en quoi que ce soit. Eh bien, une fois convaincus que l'éducation n'est rien, ils pourront être faibles à leur aise. Hélas, cette méthode est d'une application très-générale aujourd'hui : « A quoi bon? » Voilà notre mot. Rien n'importe, rien ne sert, rien ne nuit, rien ne vaut un effort. Les principes sont gênants; nous faisons litière de principes. Les devoirs ont la voix trop haute; nous imposons silence aux devoirs.

Ce scepticisme a ses degrés : les uns en viennent à ne plus adorer que les faits; d'autres, conservant d'ailleurs en bien des points une conscience délicate, se bornent à affaiblir certaines vérités dont il leur serait trop difficile de tenir compte. Les obligations, très-sérieuses, que nous impose l'éducation, sont au nombre des vérités auxquelles nous aimons à ne pas croire. Nous serons bons avec nos enfants, et nous n'irons pas nous figurer que leur avenir moral soit dans nos mains.

Il est dans nos mains, autant du moins que l'avenir peut y être. Lorsque nous ensemençons un champ, nous ne savons pas s'il y aura l'année suivante une moisson ; nous ne disposons ni de la pluie ni du soleil, il ne dépend pas de nous d'empêcher l'inondation, la sécheresse, la grêle ou la guerre, et cependant nous avons grand soin de choisir une bonne semence. Personne, que je sache, ne répand l'ivraie dans les sillons, sous prétexte que l'avenir n'est pas dans ses mains.

Tout éducateur est un semeur. La récolte sera peut-être mauvaise ; prenons garde néanmoins à notre façon de semer. Je pense d'ailleurs que, si l'on y regardait de près, on trouverait l'explication des anomalies dont on fait tant de bruit. Voici, dites-vous, une excellente éducation qui a mal tourné ! Était-elle excellente? La famille était-elle bien ce qu'elle doit être? L'enfant n'a-t-il entrevu aucun de ces exemples qui blessent parfois à mort? A-t-on prié? A-t-on été ferme avec lui ? L'a-t-on maintenu sur le sentier de la droiture? L'a-t-on défendu contre ses mauvais instincts, contre ses mauvais amis? Lui a-t-on fait aimer la maison? Ne l'a-t-on pas livré, purement et simplement livré, aux institutions publiques? Cette éducation excellente, ne serait-ce pas une éducation dont la famille s'est débarrassée en plein?

Quant à celles qui ont été mauvaises et qui ont réussi, je suis loin de nier qu'il y en ait de telles; ce serait nier à la fois et la puissance de Dieu et le libre arbitre de l'homme; ce serait assujettir les enfants à l'influence irrésistible du milieu où leur naissance les a placés, en sorte que les uns seraient incapables de bien tourner et les autres incapables de mal tourner. Je ne crois pas aux influences irrésistibles, car je crois que nous sommes des êtres moraux et responsables.

Il est donc impossible que l'éducation décide à elle seule de ce que deviendront nos enfants; la meilleure ne leur ôtera pas la faculté de se dépraver, la moins bonne ne leur ôtera pas la faculté d'accueillir ces appels de la grâce divine qui se font entendre à toute créature. Je reconnais cela, bien plus, je le proclame; mais je constate en même temps que, de tous les moyens humains d'influence, celui-ci est le plus puissant.

Je posais il y a un instant quelques questions au sujet des éducations qualifiées d'excellentes et dont les résultats ont été mauvais; j'aurais d'autres questions à poser au sujet des éducations mauvaises dont les résultats ont été bons. Ces hommes qui ont fait leur chemin ici-bas en dépit du triste milieu où leur enfance a été plongée, êtes-vous sûr qu'il ne leur manque rien d'essentiel? — Parmi ceux qu'on nous cite, il en est qui n'ont que le mérite d'avoir réussi; c'est bien peu. Ne souhaitons-nous rien de mieux pour nos enfants qu'une position confortable ou même une brillante carrière? — D'autres sont des hommes distingués; c'est mieux sans doute. Est-ce assez cependant? — D'autres enfin ont réellement dirigé leur cœur vers les choses bonnes et élevées. Chez ceux-là mêmes ne découvre-t-on pas de graves lacunes? Ne voit-on pas, d'ordinaire, que la première éducation leur a fait défaut? Et y a-t-il rien au monde qui remplace cette action secrète, profonde, indélébile de la famille? N'est-il pas un je ne sais quoi auquel on reconnaît les hommes qui n'ont point passé par l'école maternelle, qui n'ont point appris là ce qu'on n'apprend jamais bien ailleurs?

Je me reprocherais de répondre plus longuement à un scepticisme qui, au fond, n'est pas très-sûr de douter. L'éducation répond, elle, par des faits, à ceux qui essayent de contester sa puissance; elle force tout observateur sérieux à répéter le mot de Leibnitz : « Celui qui est maître de l'éducation peut changer la face du monde. » Quelle mission confiée aux parents! Dans le plus humble, le plus pauvre ménage, une œuvre est poursuivie dont l influence s'étendra jusque dans l'éternité. Voyez ce père, cette mère. Sous le regard et avec le secours de Dieu, ils sont parvenus à bien élever leurs enfants; n'eussent-ils fait que cela, ils n'auraient pas perdu leur vie.

Peuvent-ils déléguer à d'autres ce pouvoir immense? Peuvent-ils se décharger sur d'autres de la tâche qui leur est providentiellement confiée? La question est étrange et d'emblée il semblerait peut-être que nous ne devrions pas même la poser. Prenons-y garde cependant, tout le problème de l'éducation publique est là devant nous, problème compliqué, délicat, où les exclamations indignées servent peu et qui veut être examiné de très-près.

Commençons par mettre en sûreté la part inaliénable, intransmissible de la famille. Elle n'a pas le droit d'abdiquer. Partout où il y a une famille (une vraie famille, s'entend) l'enfant ne doit pas être privé des bénédictions qu'il trouvera dans son sein et qu'il ne trouvera pas ailleurs. Se débarrasser de son fils, le remettre purement et simplement à un pensionnat, ne plus s'en occuper, c'est commode, mais c'est coupable. On ne renonce pas à un devoir ; ceci est évident en soi et ne réclame pas de démonstration.

Il est certes moins aisé de veiller sur cette âme, que de payer des trimestres en vaquant à ses affaires et en se sentant aussi libre que si l'on n'avait pas d'enfant ; par malheur, ce qui est aisé n'est pas toujours ce qui est bon. Vous aurez un compte à rendre ; et lorsque un jour votre fils, sans attachement pour la maison paternelle, sans esprit de famille, dépourvu des impressions profondes qui ne se reçoivent qu'auprès du foyer, sera devenu un être vulgaire, étranger aux émotions élevées, lorsque son âme aura pris les plis de la grosse moralité mondaine, lorsque vous demanderez en vain à son cœur ces tendresses profondes qu'il n'a pas connues, vous saurez à qui vous en prendre.

Nous sommes plus socialistes qu'on ne le dit. Ce que les rêveurs utopistes d'autrefois ont mis dans leurs livres, nous le laissons mettre dans notre vie de tous les jours. L'idéal pour eux c'était, bien entendu, la suppression de la famille, l'État se substituant à l'individu sur ce terrain réservé ; Platon aurait voulu qu'il n'y eût plus ni pères ni mères et que tous les enfants appartinssent à tout le monde ; les philosophes socialistes venus depuis, ont, du plus au moins, copié sa République ; ils ont travaillé d'un commun accord à chasser la famille du sanctuaire et à y mettre le gouvernement. Eh bien, leur théorie s'applique aujourd'hui sur une très-vaste échelle. Nous avons des pères et des mères, mais aussi peu que possible ; avant que l'enfant soit sevré, la crèche est déjà là pour le recevoir au besoin; quand il sort de la crêche, il entre à la salle d'asile, il ne quitte celle-ci que pour l'école; après l'école vient le collége; après le collége l'établissement d'instruction spéciale; alors le jeune homme a une carrière, il s'établit et une nouvelle famille est fondée, famille dont les enfants seront à leur tour engagés dans la filière où nous mettons nos fils et d'où sortent des ingénieurs, des avocats, des médecins, des fonctionnaires, et passablement d'individus qui ne sont bons à quoi que ce soit.

Le socialisme, ennemi des individualités, n'a rien inventé de plus ingénieux que cette fabrication en grand. Tout y est prévu; les classes ouvrières, qui ne sauraient prétendre aux études libérales, trouvent au sortir de l'école une sorte de bifurcation préparée à leur usage. Au lieu d'aller au collége, l'enfant pauvre va en apprentissage chez un maître. Au reste, la conséquence est la même: l'apprenti prend un état, s'établit pour son propre compte et ne revient guère vers sa famille. Trop souvent, dans les grandes villes, ils font comme les oiseaux; une fois sortis du nid, ils ne tardent pas à l'oublier entièrement. A Paris, il arrive parfois qu'on ne se connaît plus, à la lettre; on cesse de se voir : les parents à qui vous demandez des nouvelles de leurs enfants s'étonnent presque de la question ; les enfants, interrogés à leur tour, lèvent les épaules.

Et Dieu nous avait donné la famille !

Il est bien clair que les écoles et les colléges sont utiles, qu'il faut des apprentissages, et que nos fils, lorsqu'ils adoptent une carrière, ne méritent aucun blâme. Je vais plus loin, dans certains cas, les circonstances imposent à une famille des sacrifices exceptionnels : il peut devenir nécessaire de se séparer d'un enfant dès son plus jeune âge. Si la casuistique sous toutes ses formes m'inspirait une moindre horreur, j'essaierais peut-être d'indiquer ces exceptions. Il suffit qu'elles existent et que personne ne songe à les contester ; mais ce que nous contestons, c'est que des parents aient jamais le droit de pousser la séparation jusqu'à l'isolement moral. Leur devoir subsiste en dépit de tout; la famille doit demeurer pour l'enfant le centre des affections et des espérances, la source des directions; il doit sentir, sentir toujours, que là il est aimé, que là on prie pour lui, que là il reviendra un jour, que là est son nid.

Il dépend des familles qu'il en soit ainsi. Je ne connais pas de circonstances qui leur imposent les séparations indéfinies, commençant au berceau et se terminant à la tombe. J'en connais encore moins qui leur défendent de supprimer pour ainsi dire la séparation, en multipliant les témoignages de vigilante tendresse. La maison paternelle sera bien forte à côté de l'école, à côté de l'apprentissage, à côté du collége, si elle le veut.

Il est temps qu'elle le veuille, car le relâchement des liens de famille est un des signes redoutables de notre époque. Non-seulement on a rendu infiniment facile la désertion de la tâche réservée aux parents (jusqu'à recueillir les enfants à la mamelle!), nous sommes allés plus loin : niveleurs sans le savoir, nous avons négligé l'emploi des moyens d'action que l'enseignement public nous laissait; les heures qui suivent l'école n'ont pas été mises à profit; parents et enfants, nous avons pris l'habitude de nous passer les uns des autres ; la mauvaise indépendance a prévalu ; l'école a fini par nous tranquilliser : n'est-elle pas là ? ne donne-t-elle pas les leçons ? n'exerce-t-elle pas aussi une surveillance morale ? Ne doit-elle pas pourvoir à tout ?

L'école pourvoyant à tout, les familles ne s'occupant plus de rien, voilà en deux mots le crime et le péril d'aujourd'hui. Cela mène loin, vous pouvez m'en croire. Ce qu'il s'éteint ainsi de saintes affections, de délicatesses intimes, de forces et de joies, aucune parole ne saurait l'exprimer. Privé de la famille, sa forteresse, l'individu recule devant la marche envahissante de l'État ; nous perdons peu à peu ce quelque chose de distinctif et de personnel que préserve seule la vie du foyer ; sortis de la même fabrique, nous nous ressemblons naturellement ; c'est partout une honnête moyenne, les sentiments reçus, les opinions admises ; *les hommes* se font de plus en plus rares ; si nous continuons, nous deviendrons des numéros. J'admire ceux qui approuvent tout cela, et qui croient être de fougueux ennemis du communisme !

Il ne s'agit certes pas de fermer les écoles. Moi qui me réjouis chaque fois qu'il s'en ouvre une, je n'irai pas sans doute faire cause commune avec les partis qui redoutent la propagation des lumières. La lumière est bonne; l'école est une des routes ouvertes à la vraie égalité. Ayons des écoles, mais ayons aussi des familles, voilà ce que je demande. C'est une énorme erreur de croire que l'école supplée la famille; elle fait ce que la famille ne peut souvent pas faire; elle ne fait pas ce que la famille est seule en état de faire. Auprès de l'éducation publique l'éducation domestique conserve sa place; ou, pour mieux dire, il n'y a pas d'éducation publique; on n'élève qu'au logis. Cette œuvre ne se transmet à personne; négligée par la famille, elle cesse d'être.

Dieu n'a pas créé la famille pour qu'on s'en passe. Nous pouvons nous délivrer à nous-mêmes de belles dispenses, le devoir n'en subsiste pas moins. Nous n'inventerons jamais aucun mécanisme qui parvienne à imiter tant soit peu l'action d'un père et d'une mère. Ce n'est donc pas tout d'envoyer nos enfants à l'école, il faut les élever à la maison.

Œuvre immense autant que belle, et dont ceux qui cherchent à s'y soustraire n'ont pas deviné la douceur! Les enfants des vraies familles peuvent aller à l'école ou au collége comme les autres; ils s'y sentiront suivis et enveloppés par une affection qui ne les perd pas de vue; ils se sauront sous le regard de Dieu, et ils se sauront aussi sous le regard de leur mère.

Je me rappelle ce qu'étaient les lettres de la mienne, lorsque nous étions mon frère et moi au collége de Louis-le-Grand. Sa sollicitude nous accompagnait partout, dans nos études, dans nos plaisirs, dans nos amitiés, dans nos préoccupations, dans les émotions diverses de nos cœurs. Nous n'étions pas seuls au collége ; la famille était là, près de nous; elle souffrait de notre absence ; elle nous continuait ses soins journaliers ; elle veillait sur nous, elle priait pour nous, elle nous attendait; l'idée d'aller en vacances ailleurs que chez nous nous eût causé autant de surprise que de douleur.

Il y avait parmi nos camarades de pauvres enfants qui semblaient privés de famille : ils ne sortaient jamais les jours de congé, ou sortaient aux mains de correspondants qui se contentaient de leur faire faire une promenade et de les mener au restaurant ; leurs vacances se passaient au collége. Ces camarades nous inspiraient une indicible pitié.

Oh, la famille, que c'est bon, et qu'ils sont coupables ceux qui la dispensent de son rôle ! Je parlais des vacances tout à l'heure ; là se trouve la grande compensation et en quelque sorte la revanche que l'éducation publique offre à la famille. Il faut bien le dire, car c'est trop vrai, la famille n'est pas toujours disposée à en user. Elle a donné sa démission, elle a contracté la commode habitude de s'abstenir ; dix mois de l'année, elle s'est plu à croire que d'autres se chargeaient d'élever ses enfants ; il lui semble dur de reprendre ses fonctions pendant deux mois. Ces choses-là d'ailleurs ne se reprennent guère lorsqu'on les a interrompues ; les deux mois de vacances ne profitent qu'aux parents qui n'ont pas laissé perdre les dix mois de collége. Les autres pensent qu'élever leurs enfants ce serait les fatiguer et leur être à charge ; ils se feraient conscience de troubler leurs loisirs. N'est-il pas plus simple de les laisser en repos ? « Voici un fusil, un chien et un permis de chasse; amuse-toi; nous dînons à six heures; » tel est le discours qu'on leur adresse à leur arrivée, après les avoir embrassés. Et le fils chasse, les semaines s'écoulent; on s'embrasse encore, il retourne au collége, sans qu'un lien se soit resserré, sans qu'une communauté morale se soit établie, sans qu'il ait retrouvé son père et sa mère.

Quand la famille a conservé sa place, les choses se passent différemment. Ce n'est pas qu'on s'amuse moins, la famille se concilie à merveille avec les vacances; mais comme le fils est heureux d'un bonheur plus intime et plus profond! Comme le sentiment du chez soi pénètre cette jeune âme! A vrai dire, il n'a pas perdu de vue un seul jour le toit paternel, un courant continu de tendresse est venu le réchauffer dans son exil, il a conservé l'habitude de parler à son père et à sa mère, il n'a pas cessé d'être leur enfant. Que de choses à leur dire aujourd'hui! que de conseils à leur demander! Les situations vraies ont été maintenues, ces gens-là se retrouvent à l'aise les uns vis-à-vis des autres. Et qu'on ne s'imagine pas que tout cela soit bien grave, bien lugubre.

la maison est pleine de soleil: rien n'est lumineux, rien n'est gai comme ces familles.

Les départs, j'en conviens, sont un déchirement. Je ne me reporte pas, après tant d'années, à l'un de ces retours au collége, sans que mon cœur se serre. Les quinze premiers jours qui suivaient la rentrée étaient quinze jours de désespoir; nous souhaitions mon frère et moi (nous étions deux cependant) qu'une catastrophe quelconque vînt mettre un terme à notre supplice, un incendie, une révolte, un licenciement général, que sais-je?

Ah, ceux-là se trompent bien qui supposent que le collége est dur parce qu'on y est médiocrement nourri, parce qu'on déjeune avec du pain sec ou parce qu'on se lève à cinq heures. Qu'importe cela? On se porte à merveille au collége. Je proclame même que de mon temps la nourriture était excellente, même le jour où l'on nous donnait un certain veau et une salade peu ragoûtante auxquels personne ne touchait; mais le pain n'était-il pas à discrétion? Et puis n'y avait-il pas le fameux souper du vendredi, avec ses haricots et son fromage de Gruyères?

Non, on n'est point mal au collége, la vie matérielle y est simple, sobre, ce qu'il faut à des jeunes gens. La douleur, c'est l'exil. Les plaisirs n'y manquent pas (qui ne se souvient de cet admirable jeu de balle?), il y manque une famille. Ceci est contre nature. Le collége sent la caserne, le couvent; un invincible instinct proteste au fond du cœur de l'enfant contre l'absence du père et de la mère.

Nous éprouvions, je ne l'ai pas oublié, une vraie compassion pour nos plus jeunes camarades. Quoi! à cet âge, à dix ans, à huit ans, déjà privés du doux abri dont leur faiblesse avait un si grand besoin! déjà livrés à cette existence phalanstérienne! déjà lancés dans le vaste monde! cela faisait mal.

Je ne juge personne. Il est sans doute des circonstances qui peuvent imposer à une famille de pareilles séparations. Disons seulement et disons très-haut que ces circonstances sont rares. Mettre un tout petit enfant au collége, c'est presque renoncer à l'élever, c'est rendre en quelque sorte impossibles les relations sérieuses et suivies qui devraient subsister entre ses parents et lui; pour subsister, il faudrait qu'elles eussent commencé.

On l'oublie beaucoup trop, nous n'avons pas le droit, oui, le droit, de ne pas élever nos enfants. L'instruction se délègue, l'éducation ne se délègue pas. Aucun principe, que je sache, n'exige qu'un père, qu'une mère donnent toujours des leçons à leurs fils; il est bien des cas où la chose est impraticable et bien des cas aussi, je le reconnais, où la chose est peu désirable. Mais l'éducation, mais le soin de l'âme, mais la direction morale, Dieu lui-même les en a chargés.

On ne viole pas impunément les lois divines. Même dans les familles qui ne mettent pas leurs enfants en pension, un mal incalculable s'accomplit, quand les parents se déchargent de leur fardeau sur d'autres épaules. Ont-ils appelé à leur aide un précepteur, une institutrice, ils ne sauraient leur témoigner trop d'estime et trop apprendre à leurs enfants à les respecter. Jusque-là tout est bien; tout se gâte au moment où l'institutrice et le précepteur deviennent les maîtres suprêmes de l'éducation. Et cela arrive; il est des parents qui ont hâte de se retirer, de se reposer en quelque sorte, qui cessent de diriger activement, qui ont abdiqué. Nul n'y gagne, ni parents, ni précepteurs, ni enfants. Quant à ceux-ci, on leur a ôté ce que rien ne remplacera jamais.

Maintenant que la règle fondamentale est posée et que nos réserves sont faites à l'endroit de l'éducation publique, je suis bien aise de reconnaître ce qu'elle a de bon. J'ai attaqué l'abus, non l'usage. Quoique je manque d'enthousiasme pour les pensionnats, quoique je pense que la vie d'externe suffit en général à rompre ce que l'éducation exclusivement domestique aurait peut-être d'affaiblissant, quoique ma conviction, même sous ce rapport, ne soit pas absolue, quoique je me dise à part moi que la famille était inventée avant les colléges et qu'on résolvait alors le problème d'élever les enfants, quoique je pense que ces éducations du foyer n'étaient pas nécessairement détestables, cependant je confesse qu'aujourd'hui, étant donnée notre civilisation amollie, il est naturel de recourir aux établissements publics d'instruction.

Sans aller certes aussi loin que Lacordaire qui, dans ses lettres aux jeunes gens, fixe à sept ans l'âge auquel l'enfant doit être sevré des douceurs de la vie de famille, je crois avec lui qu'il est un moment où il doit s'exercer sous des maîtres aux études et aux épreuves de la vie. Si les princes passaient à sept ans des mains des femmes à celles des gouverneurs, ce n'est pas une raison sans doute pour que nos fils passent alors des mains de leurs parents à celles des étrangers; toutefois ce changement, pour en être plus tardif, n'en demeure pas moins utile en beaucoup de cas. L'ombre du toit paternel, quand on n'en sort jamais, peut devenir énervante. Il est bon que les jeunes gens rencontrent des égaux, des rivaux, des luttes réelles, j'ajouterai même des coups de poing, toutes choses qui ne se trouvent pas auprès de leur mère. Il leur faut ce sévère apprentissage qui ne ménage personne. Laissons-les respirer le grand air; que l'existence telle qu'elle est, avec ses libres contradictions, ses duretés, ses déceptions, ses douleurs, commence pour eux, j'en suis d'accord. Pourvu que la famille soit là et que l'isolement moral ne se fasse pas autour d'eux à l'heure même où ils ont le plus besoin d'énergiques sympathies et de secours, l'expérience tournera bien, je l'espère. Ils perdront un peu de cette délicatesse exquise que donne à l'enfant le contact habituel de sa mère; ils gagneront de la vigueur. Et sans vigueur comment vivre? Ne nous heurtons-nous pas sans cesse aux hommes et aux choses? Les meilleures causes ne sont-elles pas les plus maltraitées? La grande tentation d'ici-bas, le découragement, ne se tient-elle pas partout sur le chemin des généreux? Et les généreux qui ne seraient pas forts, ne risqueraient-ils pas de devenir lâches? Ah, vous avez raison, armons nos enfants avant qu'ils s'élancent dans la mêlée, habituons-les aux meurtrissures. La vie réelle les attend au collége? C'est bien, qu'ils aillent à elle, qu'ils entrent, jeunes encore, dans le monde; qu'ils connaissent ses indifférences, ses caprices, ses injustices et ses justices aussi; qu'ils aillent, nous serons à leurs côtés, par notre tendresse et par nos conseils; notre éducation domestique ne sera pas interrompue, et un jour, quand on nous les rendra, ils ne seront pas devenus des étrangers. Des frottements précoces auront altéré, durci les surfaces, le fond sera resté le même et leur cœur sera encore un cœur d'enfant. Ils seront semblables à ces fruits qui ont passé par beaucoup de mains; ils sont sains, aucun ver ne les a piqués, mais ils ont perdu leur duvet.

Les brutalités de l'éducation publique ne m'ont pas empêché de proclamer ce qu'elle a de salutaire en bien des cas. Un de ses grands mérites, je l'ai dit, c'est que chez elle nos fils rencontrent des égaux. Ils ne peuvent plus se persuader qu'ils sont des êtres incomparables, appartenant à une race supérieure; les illusions que de sottes gâteries entretiennent trop souvent sous le toit paternel s'évanouissent en un instant au collége. Voici d'autres enfants; ils nous valent bien, et ils nous le font sentir; ils nous disent nos vérités; ils ne se gênent pas pour nous railler, pour nous rosser, au besoin, ils parlent aussi haut que nous; ils font mieux leurs thèmes et nous laissent en arrière; nous sommes classés selon la mesure exacte de notre mérite. Les phénix abondent moins dans les écoles qu'auprès des parents; ils sont très-surpris, scandalisés peut-être de voir qu'on ne les admire plus. Tout cela est excellent, car tout cela nous ramène au vrai. S'il est des familles qui sachent voir leurs enfants tels qu'ils sont et qui les empêchent de s'en faire accroire, elles sont peu nombreuses, par malheur; d'ordinaire les avertissements peu polis de nos camarades nous sont absolument indispensables.

Il ne nous est pas mauvais non plus de rencontrer des professeurs qui ne sont pas le moins du monde en adoration devant notre personne. Ils ne nous aiment guère, cela est certain; leur intérêt, qui doit se répartir sur beaucoup d'enfants, se divise en tant de fractions que notre part aliquote se réduit à peu de chose. Si nous étions délaissés par nos parents, nous serions à plaindre, nous aurions froid, notre pauvre cœur se serrerait; mais si nos parents ont compris que leur œuvre d'éducateurs continue et ne cessera jamais, alors la sécheresse des maîtres présente moins d'inconvénients que d'avantages. De fortes leçons d'humilité nous sont données, en même temps que des leçons de vigilance. Il s'agit de travailler, de faire acte de virilité; nous ne saurions compter désormais sur les approbations complaisantes, nul n'est prévenu en notre faveur; l'estime, l'amitié ne s'offriront pas d'emblée; nous aurons à les conquérir, comme le reste.

Je voudrais montrer à quel point ces rudes services des écoles se concilient avec l'action des parents. Sans tracer de programme, sans me risquer à dire où passerait selon moi la ligne idéale qui, dans une éducation parfaite, séparerait la part laissée à l'enseignement public et celle réservée à la famille, je tiens à maintenir que ces deux parts existent. Loin qu'il y ait opposition, il peut, il doit y avoir accord entre les deux influences. Les uns se borneront à un externat; d'autres livreront plus complétement leurs fils au collége et redoubleront d'efforts pour conserver en eux le sentiment de famille; d'autres peut-être feront alterner les deux régimes, retirant à eux leurs enfants entre la fin hâtée du collége et le commencement de l'instruction spéciale, les retrempant alors dans la vie du foyer, les ressaisissant en quelque sorte et se chargeant de les initier eux-mêmes aux hautes études. Quel que soit le système adopté, l'éducation domestique sera le complément harmonieux, et le correctif aussi, de l'éducation publique.

Elle le sera pour l'enseignement comme pour la direction morale. L'enseignement de nos colléges ne mène pas loin. Que savions-nous, nous les forts, qui avions eu des prix et qui avions été au concours général? Du latin, presque pas de grec. Nous possédions fort mal quelques éléments d'histoire et nous ignorions la géographie. Quant aux langues vivantes, elles nous étaient parfaitement étrangères. On consolait nos familles en leur disant que nous avions « appris à apprendre. » Cela ne concernait pas, en tous cas, les quatre-cinquièmes de nos camarades qui traînaient à la suite, qui en avaient pris leur parti et dont les professeurs s'inquiétaient peu. Je ne crois pas qu'il y eût alors lieu au monde où l'on perdît plus de temps. Apprenait-on à le bien employer dans la suite? Je craindrais qu'il n'y eût trop d'audace à l'affirmer.

Avec de vraies familles, tout cela peut aller, je le répète. Elles soutiennent le courage de leurs enfants, elles ne leur permettent pas de se laisser tomber dans ces derniers rangs où personne ne marche plus; elles mettent à leur portée des livres et des leçons; pour eux elles comblent peu à peu les lacunes; elles exigent du moins qu'ils fassent des efforts personnels et qu'ils « apprennent à apprendre. » Lorsqu'on obtient ceci, on obtient beaucoup, je le reconnais. Mes anciens camarades de Louis-le-Grand ne me démentiront pas, nous ne savons guère aujourd'hui que ce que nous avons appris nous-mêmes depuis le collége, et cependant l'impulsion du collége a été pour beaucoup dans cet élan qui s'est prolongé plus tard.

Ma conclusion est donc : le collége corrigé par la famille. Sans la famille, les avantages même les plus évidents du collége perdent une bonne partie de leur valeur.— Prenez le moins contesté de tous, ce fait que le collége nous fait rencontrer des égaux, qu'il nous place en présence de l'égalité.

L'égalité du collége portera des fruits bien imparfaits, si l'on ne place à côté d'elle l'égalité de la famille.

Je m'explique.

Il est une égalité que le collége ne connaît pas. Si les grands y malmènent parfois les petits, si les anciens y font enrager les nouveaux (ce qui n'est pas encore un grand mal), les forts y écrasent les faibles, les capables y passent sur le corps aux médiocres, les bien portants y laissent en arrière les infirmes. Les choses s'y pratiquent comme dans le monde; tout ce qui n'est pas vigoureusement constitué, tout ce qui n'est pas en état de résister, est broyé par le courant; malheur aux vaincus!

Pauvres vaincus, ils avaient souvent des qualités qui manquaient à leurs vainqueurs; mais qui donc, dans le monde ou dans l'éducation publique, a le loisir d'y regarder de si près? Qui s'inquiète des chétifs? Ne faut-il pas toujours que ce qui est impuissant à lutter disparaisse devant la force? La vie ne procède-t-elle pas toujours par voie de destruction, d'élimination, si l'on veut? Les plantes vigoureuses et vivaces ne gagnent-elles pas bientôt tout le terrain et les délicates ne sont-elles pas condamnées à céder la place?

Eh bien, j'appelle cela une inégalité. Elle est inévitable, d'accord; elle serait inique et cruelle, si la famille n'était là pour en modérer les excès. La famille, elle, sait aimer les faibles; il y a mieux, elle sait les comprendre; elle étend sa protection sur ceux qui en ont besoin. Et c'est ainsi qu'apparaît cette forme merveilleuse de l'égalité : l'égalité des faibles et des forts.

Cela est nécessaire aux faibles, et cela n'est pas moins nécessaire aux forts. Si le foyer a ses flatteries, la vie publique a les siennes, et elles commencent dès le collége. Là le succès est adulé, et quiconque a eu le faible mérite de gagner les premiers rangs, quiconque a conquis une ou deux couronnes, est tenté de se croire un personnage.

Tristes illusions, qui détruisent souvent les meilleures délicatesses de l'âme! Vainqueurs dans les luttes du collége et du monde, nous risquons de devenir rudes, hautains, personnels, ambitieux. Et, du reste, valons-nous mieux au fond? Les vraies supériorites sont-elles toujours celles qui se produisent ainsi? N'avez-vous jamais entendu parler de tout ce qu'ont fait les *fruits secs*, ces éclopés de la bataille? N'avez-vous jamais découvert chez quelques-uns des faibles, chez ceux à qui il n'arrivera pas d'avoir un succès, qui ne seront ni orateurs, ni ministres, les signes de l'excellence morale? Ne vous êtes-vous jamais dit qu'il fait bon vivre près de ceux-là, que leur pensée recueillie et comme effrayée du bruit a un charme d'intimité et de profondeur. D'autres, les gens qui réussissent et qu'on acclame, se sont parfois débarrassés en avançant de ce qui gênait leur marche, des délicatesses, des scrupules, des sensibilités; et ils avancent, en effet, droit devant eux, renversant ce qui fait obstacle, à la manière des boulets de canon.

Je ne prétends pas, tant s'en faut, que les forts soient toujours grossiers et que les faibles soient toujours charmants; je crois au contraire aux affinités qui unissent les qualités de l'esprit et celles du cœur; l'intelligence, l'énergie et la bonté peuvent très-bien se donner la main, et d'un autre côté les défauts vont parfois de conserve; il n'est pas rare que les natures bornées soient en même temps les moins aimables, les plus entêtées, les plus orgueilleuses. Mais c'est ici qu'éclate précisément l'action protectrice de la famille : elle nous connaît, parce qu'elle s'est donné la peine de nous étudier en nous aimant et parce qu'elle suit les moindres mouvements de nos âmes depuis que nous sommes au monde; aussi sait-elle ce qu'il faut combattre, ce qu'il faut corriger, chez les faibles et chez les forts ; elle veille sur ceux qui ont beaucoup, elle tâche d'enrichir ceux qui ont peu; enfin tous sentent, et ceci est immense, qu'ils sont égaux devant son amour. N'est-ce rien de ramener à l'amabilité, à la défiance de soi, au respect des autres, à la pratique des humbles devoirs, ce jeune homme auquel s'ouvre une carrière brillante et qu'enivrent les applaudissements? N'est-ce rien de relever graduellement ce jeune homme que les insuccès ont écrasé, sur lequel le monde a prononcé un jugement sans appel et qui peut-être au malheur d'être impropre à la vie joint le malheur plus grand d'avoir peu de cœur? Son cœur s'éveillera au contact d'une tendresse qui ne se lasse point, son intelligence s'ouvrira sous l'influence de ceux qui vont cherchant pour lui un moyen d'exercer ses facultés et de se rendre utile ; ils cherchent et ils trouveront.

Toute famille n'accomplit pas ces miracles. Lorsqu'on vise au commode, on n'a garde d'entreprendre l'œuvre la plus difficile et la plus ingrate qui se rencontre dans le champ de l'éducation. Les parents qui ont renoncé à leur tâche et qui se reposent tandis que des précepteurs ou des colléges sont censés élever leurs enfants, ne se tourmentent pas de tant de questions. S'ils ont un fils qui remporte beaucoup de prix et qui promette de faire son chemin, ils s'en félicitent sans trop s'informer des conséquences morales que le succès peut produire en lui ; s'ils ont un fils impropre à l'étude, ils s'en désolent et en viennent peut-être à l'aimer moins. Quant à s'occuper de cette intelligence, de cette âme, quant à soutenir, à guider à porter en quelque sorte dans leurs bras ce pauvre petit qui n'a qu'eux seuls pour l'aimer, il va sans dire que l'idée ne leur en vient pas. L'éducation est chose sérieuse, et quiconque s'est démis de sa charge aux mains du socialisme scolaire hésite à retourner aux devoirs dont il comprend instinctivement les difficultés et la durée.

L'égalité dont nous parlons n'existe guère que dans les familles où règne l'intimité chrétienne des époux. Là le devoir occupe sa place, la première; là on sait le prix des âmes. Bien au-dessus des distinctions vulgaires entre les filles et les garçons, entre les aînés et les cadets, s'élève le rapport établi par la loi divine entre les parents et les enfants. Ce rapport demeure immuable, quels que soient les enfants, en dépit de leurs fautes et de leurs défauts.

La famille telle que nous l'avons vue se constituer sous nos yeux, aura peut-être des préférences; il est difficile de ne pas aimer ce qui est aimable et de ne pas se sentir repoussé par ce qui est maussade et mauvais. Cependant les sympathies ne changent rien au devoir, et d'ailleurs n'importe-t-il pas d'éviter ce qui exciterait des sentiments de jalousie chez nos enfants? Nous le sentons, l'égalité est ici une des formes du devoir. Il importe que nul ne soit et ne se croie exclu de notre tendresse. Si les torts d'un entant entraînent leurs justes conséquences, s'il y perd pour quelques jours sa part de caresses, rien n'est plus naturel, c'est un châtiment, et la place du châtiment est marquée dans nos familles, il fait partie intégrante de la moralité du foyer. Néanmoins l'égalité fondamentale demeure : les mauvais et les bons sont nos enfants et ils le savent.

Je voudrais étudier de plus près cette grande égalité, non moins précieuse assurément que celle du collége, et très-différente.

Voici, à côté de l'enfant remarquable, bien doué, supérieur, sympathique, celui qui semble ne devoir pas faire beaucoup d'honneur au nom qu'il porte. Les parents éprouveront avant tout le besoin de ne marquer aucune distinction entre eux deux ; ils n'auront garde de décourager celui qui bientôt, à divers signes, découvrira son infériorité. Que ces frères s'aiment, ce sera déjà beaucoup ; la tendresse a ses délicatesses et ses divinations, même dans l'enfance ; le plus fort aidera le plus faible ; le niveau finira peut-être par s'établir. Puis, le faible ne sera pas faible en tout, on découvrira sa spécialité, on lui donnera la joie de s'élancer à son tour dans la direction qui lui est propre.

Il est des enfants maladifs. L'éducation publique a pour eux des infirmeries, ses compassions se bornent là. Incapables de suivre, ils traînent à l'arrière-garde, en attendant l'heure où on les abandonnera. Les armées en marche n'ont pas le temps d'être tendres; tant pis pour le soldat qui n'a pas de bonnes jambes! il restera au bord d'un fossé, les ambulances (quand il y en a) le recueilleront une ou deux fois et il finira à l'hôpital. — Ces procédés sommaires ne sont pas en usage dans la famille; elle réserve ses meilleurs soins à ses infirmes. Qu'ils guérissent ou non, elle ne les mettra certes pas au dernier rang; elle leur donnera, à eux surtout, le doux sentiment de l'égalité; elle saura leur persuader qu'ils sont utiles. Et ils le sont en effet, vous pouvez m'en croire; grâce à eux, la famille a fait un pas en avant. Qui n'a considéré avec émotion ces pauvres crétins du Valais, qu'entoure l'affection et presque le respect des leurs? Superstition à part, n'est-il pas touchant d'aimer ainsi ceux qu'accable une infirmité dégoûtante et sans remède? Ils ne servent à rien, il faut les nourrir, on est pauvre; n'importe, l'infortuné n'apercevra jamais au travers des brouillards de son intelligence engourdie que des visages bienveillants et amis.

Mais la famille a, nous l'avons dit, un problème plus difficile à résoudre. A l'égard de l'enfant borné ou de l'enfant infirme, son devoir est clairement tracé; elle ne peut éprouver, elle n'éprouve aucune hésitation. L'enfant méchant ne fera-t-il pas fléchir le principe de l'égalité?

Le méchant n'est pas celui qui contrarie nos plans, qui ne se plie pas à nos vues, qui n'adopte pas nos idées. Les parents sont appelés à accepter de telles douleurs, quoiqu'elles soient grandes; ils savent distinguer entre une indépendance excessive et une révolte, entre un esprit faux ou une imagination égarée et un parti pris de faire ce qui est mauvais.

Un enfant peut nous être peu sympathique et ne pas être méchant; il peut avoir beaucoup de vices et ne pas mériter encore cette qualification. Nous connaissons trop notre propre cœur, nous nous souvenons trop de notre jeunesse, nous avons trop lu l'Évangile, pour croire à l'innocence des enfants; nous n'ignorons pas que le péché est déjà à l'œuvre dans ces jeunes âmes. De quel droit donc nous étonnerions-nous de rencontrer chez les nôtres ce que nous avons rencontré chez nous-mêmes, l'influence des mauvais penchants? La famille n'est-elle pas chargée de la combattre, de l'étouffer sous une influence meilleure?

Mais il y a des enfants qui ne sont pas seulement vicieux, ils sont méchants. Hostiles, secs, déjà endurcis dans le mal, ils semblent prendre à tâche de répondre à l'affection par l'insensibilité. Sous quelle forme la famille maintiendra-t-elle vis-à-vis d'eux le principe de l'égalité?

Ici est la merveille. Je connais un procédé fort commode qui, grâce à Dieu, n'est point à l'usage des vraies familles. L'indifférence au mal nou permet d'être bons, je me trompe, d'être faibles et égoïstes à notre aise. — Ne faut-il pas que jeunesse se passe! Exigerons-nous que nos enfants nous obéissent comme des esclaves! Prétendrons-nous être aimés d'eux comme ils le sont de nous! Est-ce que la tendresse remonte! Et autres phrases toutes faites, qui sont au service de quiconque veut se dispenser de ses devoirs de père.

Si nous pouvions voir les ravages qu'elle fait, cette fausse et abominable tendresse, nous reculerions épouvantés. Les enfants ne s'y trompent pas; ils ne confondent pas les mauvaises complaisances et l'affection; ils savent peu de gré aux parents qui ne les défendent pas contre leur méchanceté, de peur de leur causer de la peine. Nous devons causer de la peine à nos enfants; il importe, plus que je ne puis le dire, qu'ils n'apprennent pas de nous à appeler le mal bien et le bien mal.

L'égalité dont je parle n'exige pas, tant s'en faut, que nous traitions de la même manière l'enfant qui nous satisfait et celui qui nous mécontente; elle n'exige qu'une chose : l'un et l'autre sentiront qu'il n'y a rien de capricieux en nous; nous ne cédons pas à des préférences, nous remplissons un devoir.

La tendresse affligée est encore et plus que jamais de la tendresse. Qu'il nous serait doux de n'être plus sévères! Comme notre cœur est prêt, je ne dis pas à aimer, mais à manifester son affection! Pour aimer sévèrement, il faut aimer beaucoup : demandez aux mères. Et pourquoi n'ajouterais-je pas : demandez aux enfants? Un instinct secret les avertit de ce qui se trouve derrière cette sévérité; ils ont lu dans ces regards, où la sainte aversion du mal ne se trouve pas seule; ils ont deviné en partie les angoisses de ces âmes en deuil.

Oui, en deuil : les pères, les mères pleurent leur enfant égaré, comme ils pleureraient leur enfant mort. Mais ils ne se bornent pas à pleurer, ils agissent. Qui aimera ce malheureux, s'ils ne l'aiment pas? Qui travaillera à le ramener, s'ils n'y travaillent pas? Ils y travaillent jour et nuit. Comment? C'est le secret de la famille. Elle aime; donc elle ne se rebute jamais. Où la parole a échoué, les prières triompheront. L'amour est fort, il est patient, et selon la parole de l'apôtre, « il espère tout. » Ne dites pas à une mère que son fils est incorrigible ; y a-t-il des fils incorrigibles pour les mères? Il faut, entendez-vous bien, il faut qu'il se corrige, et il se corrigera. Pourrait-elle vivre, la mère, si elle en doutait un moment? Le fils de ses entrailles, elle ne l'emporterait pas avec elle dans l'éternité, devant le trône de Dieu! Je vous dis que cela ne se peut pas et qu'aucune mère chrétienne ne renoncera à son œuvre. Elle a des trésors inépuisables de tendresse, de pitié, de vigilance, de persévérance, de confiance passionnée. Vous la croyez à bout de ressources? Non, elle poursuivra son fils jusqu'à ce qu'elle le tienne entre ses bras.

La compassion de la mère pour l'enfant méchant est un des grands spectacles d'ici-bas. Victor Hugo l'avait compris lorsque, racontant le premier meurtre, il écrivait ces vers :

> Ils pleuraient tous les deux, aïeux du genre humain,
> Le père sur Abel, la mère sur Caïn.

« La mère sur Caïn. » C'est son droit, à elle, de pleurer sur celui-là. L'infortune navrante, insondable de la méchanceté trouble son pauvre cœur. Larmes amères, larmes fécondes souvent, et que Dieu recueille dans ses vaisseaux! Si les Caïns finissent par courber la tête, c'est qu'une mère, qui aime en dépit de tout, a accumulé sur leur front les charbons ardents de son indestructible charité.

Et voilà la magnifique égalité que nos enfants ne connaîtraient pas sans la famille. Elle dépasse de bien loin l'égalité superficielle du collége et du monde ; elle ne rebute ni les faibles, ni les incapables, ni les disgraciés, ni les infirmes, ni les maussades, ni les méchants. Les méchants ! que deviendraient-ils s'il n'y avait quelqu'un pour les aimer ? Christ n'est-il pas mort pour les méchants ? Serait-il venu sauver des justes, par hasard ? Nous-mêmes, lorsque sa grâce a touché notre âme, qu'étions-nous donc ? La mère chrétienne d'un enfant méchant sait qu'elle a été méchante, elle aussi, vis-à-vis de son père céleste, et que l'amour seul a pu la vaincre.

Aimer les méchants, le Dieu de l'Évangile a fait cela. Et en faisant cela, il a fondé la merveilleuse égalité des âmes. Toutes perdues, toutes sauvées, coûtant toutes le même prix, toutes appelées à la même sainteté, à la même éternité, au même bonheur, elles se valent.

Nous entrevoyons déjà, si je ne me trompe, le sens

profond de ce mot éducation, que n'épuisent assurément pas les leçons des maîtres et la surveillance des proviseurs. Après avoir rendu justice au collége, nous avons commencé à rechercher quelles sont les choses qui constituent l'éducation et qu'on n'apprend pas au collége. Poursuivons; nous parviendrons ainsi à nous rendre un compte moins incomplet des devoirs des parents.

Parmi les choses qui ne s'apprennent pas au collége, je nommerai d'abord l'affection. S'il me fallait indiquer l'origine de ce ton sec et déplaisant qui nous choque chez beaucoup d'enfants aujourd'hui, je n'hésiterais pas à dire qu'ils ont été entièrement abandonnés à l'éducation publique; en d'autres termes, qu'ils n'ont pas été élevés. Ils sont tranchants, ce sont de petits hommes, ils ont un certain esprit, ils font les mots et on les cite, leur prétendue naïveté est elle-même tournée à l'effet; ne leur demandez pas la vraie candeur, ils en sont à cent lieues.

Que c'est triste! Ceux qui aiment les enfants, et je suis du nombre, découvrent avec douleur qu'il n'y a presque plus d'enfants; ils se trouvent comme dépaysés au milieu de jeunes messieurs qui daignent à peine jouer, qui après dîner iraient volontiers au fumoir, qui parlent avec aplomb de sujets auxquels ils n'entendent goutte, qui se forment dès leur enfance au rôle abominable où s'absorbera peut-être leur vie : affirmer, paraître, cacher son ignorance derrière son effronterie, vivre de phrases apprises, de connaissances superficielles, d'opinions reçues, choisir ses croyances comme on choisit ses habits, d'après la mode.

L'artificiel nous envahit. Pourquoi? Parce que nous ne sommes pas « élevés. » Si le monde s'empare de nous à treize ou quatorze ans, si l'abri de la maison paternelle nous fait défaut, nous ne pourrons pas, cela est évident, échapper à la fausse distinction, c'est-à-dire à ce qu'il y a de moins distingué ici-bas. Pour arriver au vrai comme il faut, pour échapper au banal, au factice, nous avons besoin d'une famille.

La famille est l'asile du naturel. Là habite la grande sincérité, parce que là habitent les grandes affections. Là s'épanouissent les vrais enfants; là se déploie le ravissant spectacle des adolescences naïves, ardentes, ouvertes aux nobles ambitions ; là déborde la vie. C'est tout simple; le cœur s'est ouvert, l'enfant qui a une famille a appris la tendresse.

La tendresse s'apprend. Livré à lui-même l'enfant ne deviendrait rien moins qu'aimable ; égoïste, occupé de soi, il serait bientôt ou brutal ou roide. Ah, ne lui ôtez pas les caresses de sa mère. Des caresses, cela fait tant de bien ! Il est si doux de se sentir aimé ! Vous avez vu les fleurs s'ouvrir à la chaleur du printemps ; il doit y avoir de même un printemps de la vie, un printemps avec ses fleurs, avec sa tiède atmosphère qui fond les glaces et fait circuler la séve.

C'est ainsi que s'ouvre l'âme de nos enfants ; ils s'habituent à la tendresse, à l'expansion. Une habitude, c'est quelque chose. Nos meilleurs sentiments se transforment en habitudes, en nécessités premières, en instincts, et ils n'en valent pas moins pour cela ; nous ne faisons tout à fait bien que ce que nous sommes arrivés à faire sans effort et pour ainsi dire sans y penser.

Heureux enfants, qu'on aime et qui aiment, qu'on caresse et qui caressent, qui pensent simplement, sentent simplement, qui n'ont pas perdu la candeur de leur âge! Ils entrent dans la vie par la porte dorée, et c'est la bonne, c'est celle des enfants. Malgré les afflictions que Dieu place déjà peut-être sur leur chemin, ils ont à leur portée un trésor de naïves félicités, leur joie resplendit à travers leurs larmes.

Et comme ils sont gardés! L'enfant qui a appris la tendresse peut aller à l'école, au collége; il y mènera la famille avec lui, son cœur ne cessera pas de battre pour elle. Cela ne le préservera pas de toutes les fautes, j'en conviens; mais cela le préservera des fautes sèchement accomplies, des fautes sans repentir. Il sera exposé à la tentation, non à la dégradation. En dépit de ses défauts et même de ses vices, quelques émotions de pitié filiale viendront réveiller en lui la conscience un moment assoupie. L'amour nous préserve de certaines déchéances; il fait vibrer au fond de notre âme les cordes délicates et généreuses, il ne nous permet pas de nous plaire dans ce qui est vil.

Et notez ceci, les enfants qui savent aimer ne sont pas pour cela des enfants amollis. Si l'on descendait jusqu'au fond de cette question de la mollesse (j'y reviendrai peut-être tout à l'heure), on trouverait qu'elle provient bien plutôt de ce que les familles n'élèvent pas, que de ce que les familles élèvent trop. Rien n'a plus favorisé les éducations énervantes de notre temps que l'habitude prise par les parents de renoncer à leur mission. Lorsqu'un collége est chargé de faire ce qu'il ne fera jamais, il en résulte que l'éducation véritable est absolument supprimée. Dès lors aussi la famille, qui compte sur les précepteurs ou les maîtres et qui désire ne se réserver que la partie agréable des rapports avec les enfants, répugne à montrer vis-à-vis d'eux la moindre vigueur. Si l'école et le collége les élèvent, la maison paternelle ne se croit appelée qu'à les amuser, à les gâter. Et elle les gâte, dans le sens le plus complet du mot, et à côté des leçons d'énergie qu'ils peuvent recevoir par leur contact avec d'autres enfants leurs égaux, ils reçoivent d'autres leçons, trop bien comprises. Il ne sortira peut-être pas de là des hommes femmes, des poltrons, et c'est quelque chose; il en sortira des égoïstes, des êtres incapables d'un dévouement héroïque, que dis-je ? d'un sacrifice, d'un effort.

Plaignons ces enfants qui n'ont eu ni père ni mère et dont le cœur ne s'est pas mis à battre auprès d'autres cœurs. Ce qu'on leur a enlevé, rien ne le leur rendra jamais ; la marque ineffaçable sera là, jusqu'à leur dernier jour. Dieu a voulu qu'il y eût du duvet dans tous les nids ; le jeune oiseau a besoin de se sentir abrité dans cette douce retraite sous l'aile de sa mère ; cela ne l'empêchera pas de s'élancer un jour, hardi, puissant, dévorant de son vol l'espace et défiant la tempête.

Il peut y avoir des nids et du duvet dans les plus humbles demeures. C'est encore ici une des formes de cette égalité chrétienne que nous retrouvons partout sur notre chemin et dont la famille est la personnification suprême. De même que les biens matériels les plus nécessaires et les meilleurs, le soleil, l'air, les eaux jaillissantes, sont au service de tout le monde, de même les biens moraux les plus excellents sont offerts à tous : l'Évangile et la famille. La famille ne s'achète pas au marché ou à la Bourse; on n'en a pas plus quand on est riche, on n'en a pas moins quand on est pauvre. Je sais telle famille d'ouvriers où les enfants sont élevés, comme ils ne sont pas certes dans la plupart des palais. Ils suivent l'école en veste de bure, qu'importe, à leur retour au logis ils trouvent chaque soir des bras ouverts, du bonheur, de fermes et tendres directions, une Bible qu'on médite avec respect, la prière commune de la famille, et cette prière du lit que la mère murmure en les embrassant. L'instruction varie avec nos ressources, l'éducation ne varie pas, Dieu n'a pas permis un tel privilége.

Il y a, dit-on, des familles indigentes où l'éducation est forcément négligée, parce que le père et la mère sont obligés de donner tous leurs moments au travail! — Je réponds, en premier lieu, qu'il y a aussi des familles opulentes où le mari est si bien absorbé par ses affaires, par sa carrière, par des nécessités de représentation, où la femme succombe si bien sous le poids de son ménage, de ses visites, de ses correspondances, de ses relations sociales, que l'un et l'autre sont hors d'état de descendre à la sphère infime où figurent leurs devoirs de père et de mère. Proportion gardée, je ne crois pas que les pauvres qui ne savent comment élever leurs enfants soient plus nombreux que les riches qui prétendent, et prétendent très-sérieusement, qu'il leur est impossible de s'en occuper.

Je réponds, en second lieu, que l'industrie, ce fait moderne, n'ayant pas trouvé en face d'elle la famille, a en effet exercé des ravages monstrueux. C'est dans un autre travail que j'aurai à aborder sous toutes ses faces l'étude palpitante de la question sociale. Les classes ouvrières souffrent, un mal incalculable s'accomplit. Mais comment s'accomplit-il? Tout repose si complétement sur la famille, que l'ennemi n'avance qu'après l'avoir supprimée; il renverse le rempart avant de pénétrer dans la place. Le crime actuel de l'industrie, c'est qu'elle repousse l'atelier de famille, qu'elle prend à part le mari, la femme, l'enfant, qu'elle les déshabitue de la vie intime, qu'elle disperse le foyer. Plus de ménage, plus de mariage souvent; par conséquent, plus d'éducation.

C'est le crime de l'industrie, ai-je dit; c'est aussi le crime de la famille. Elle aurait dû, elle aurait pu se défendre. Reconstituée, elle se défendra. Il est des séparations qu'on n'a pas le droit de lui demander et auxquelles elle n'a pas le droit de consentir. Ce qui l'attaque dans son essence est mauvais. En ne cédant pas aux tentations qui la compromettent, elle ne protégera pas seulement son sanctuaire, son bonheur, ses éléments de sanctification et de progrès, elle protégera aussi son gagne-pain. Unie, elle fera ses conditions; pulvérisée, elle passe sous les fourches caudines. Unie, elle connaîtra les bienfaits de l'économie et du bon ordre; pulvérisée, elle paye l'effroyable budget de la débauche, elle perd son argent, sa santé, sa moralité, elle descend, toujours plus misérable, jusqu'aux derniers degrés de la corruption et du désespoir.

Ayons des familles, nous n'aurons plus l'extrême misère. Ayons des familles, nous n'aurons plus ces populations entières où se font chaque jour plus rares les pères et les mères, les épouses et les maris. Il n'est que trop certain, hélas, que l'éducation ne survit pas à la famille; sous ce rapport, la pauvreté telle qu'elle existe dans certains centres industriels[1], est un fait exceptionnel, horrible, qui appelle une puissante réaction. Si l'on n'y prend garde, la famille achèvera d'y sombrer, et il n'y restera rien qui ait forme humaine. Cela donne le frisson.

Mais à part ce cas unique, cet attentat social dont personne ne peut se dire innocent, que je dénonce ici, que je dénoncerai encore plus loin, qu'il faut dénoncer partout et toujours, jusqu'à ce qu'il ait cessé, il demeure certain que l'éducation, qui est un devoir pour tous, est en même temps un devoir praticable pour tous. Toute vraie famille élèvera : riche ou pauvre, il n'importe. A moins de tuer la famille, on ne parviendra pas à mettre en péril l'égalité parfaite dont elle est le gardien. L'apprentissage de la tendresse, de l'obéissance, du respect, de la piété est aussi facile (au moins aussi facile) sous le toit du

[1] Certains centres industriels, et non pas tous. Il est des manufacturiers qui respectent la famille, et (j'aime à ajouter ceci) des manufacturiers qui comprennent que Dieu leur a confié un vrai patronage, une des missions peut-être les plus belles de notre temps.

paysan et de l'ouvrier que sous celui des grands de la terre.

Que réclame-t-il, en effet? Beaucoup d'argent? Beaucoup de loisirs? Beaucoup de professeurs et de leçons? Non, certes. Il ne réclame que ceci : un père et une mère.

Un père et une mère! Je ne peux décidément pas aller plus loin sans décharger mon cœur et sans dire ce que j'éprouve à la rencontre de ces noms sacrés. Je ne définirai rien, soyez tranquille; il est des choses qu'on sent et qu'on ne définit pas.

Je n'irai donc point chercher si la mère est l'affection et le père l'autorité. Pour ma part, j'en doute un peu, je me souviens de l'autorité des bonnes mères, et je me rappelle aussi que l'affection des pères est une des plus profondes, des plus égales, des plus délicieuses qu'il y ait ici-bas. C'est quand on l'a perdue que l'on comprend ce qu'elle vaut, cette affection irremplaçable qu'on trouvait toujours prête à tout, qui nous a cherchés, qui nous a prévenus, qui nous a supportés, qui nous a préférés, qui nous a comme enveloppés depuis que nous sommes au monde. Le jour où elle se retire, un vide se fait, nous nous sentons seuls. Avec quelle amertume de cœur chacun de nous s'aperçoit alors qu'il est devenu à son tour chef de famille!

Il faut dire cela de l'amour paternel, parce qu'on ne lui rend pas toujours justice. Quant à l'amour maternel, il est presque superflu d'en parler. J'en parlerai cependant, j'ai besoin d'en parler. L'un et l'autre ont le double caractère d'être très-prévenus et très-clairvoyants. Notre père et notre mère nous voient en beau (c'est bien doux; nous ne le trouverons guère ailleurs), et cependant aucun de nos défauts ne leur échappe; ils nous aiment tant! Leur tendresse est si fidèle! Ils ont pour nos âmes une si haute ambition! Cette tendresse est un fort levier qui remue et bouleverse nos inerties, nos égoïsmes et nos lâchetés.

Ici se lève devant nous, n'est-il pas vrai, l'image vénérée de notre mère. C'est notre mère qui nous a *faits* dans l'acception complète de ce mot. Et sa maternité morale n'a été ni la moins importante, ni la moins douloureuse. Comme tout repose sur la femme au sein de la famille, tout repose sur les mères en matière d'éducation. Chaque génération, pendant ses premières années, leur appartient presque exclusivement; et plus tard encore, et toujours, elles sont là. Qui décrira ce qu'une mère peut faire pour ses enfants, pour ses fils aussi bien que pour ses filles? Les hommes supérieurs, on l'a dit, sont tous les fils de leurs mères. Il est des qualités de droiture, de conscience, et ne craignons pas d'ajouter de courage, que les mères seules savent mettre dans une jeune vie. Vous connaissez l'héroïsme des mères. Vous savez aussi et leur angélique patience et leurs généreuses colères. Ce n'est pas elles qui pactiseront avec le mal. Que veulent-elles donner à leurs enfants? Des succès? Oh non, mieux que cela, un cœur, un caractère, une noble existence ici-bas, une éternité là-haut. *Elles élèvent.*

Élever! Quelle parole! Et la chose n'est pas moins grande. Sous l'influence incomparable de la mère, l'enfant monte, il arrive aux régions supérieures, toujours guidé par cette forte et douce main, toujours soutenu, porté peut-être par ces bras débiles et puissants. Près d'elle, il a puisé une science dont aucun professeur ne lui donnera jamais la moindre idée, il a compris ce qu'est le devoir, ce qu'est le don de soi, ce qu'est le charme d'aimer, ce qu'est la joie de faire le bien.

Il a appris ce qu'est l'esprit de famille. Ah, qu'il ne l'oublie jamais! L'esprit de famille ne s'acquiert qu'au foyer, et ceux qui l'ont ne s'avancent pas désarmés au milieu du monde.

L'esprit de famille ne se confond point avec l'orgueil du nom. Dans notre attachement aux souvenirs de nos ancêtres il y a d'ordinaire, à côté d'un sentiment légitime, d'autres sentiments qui ne le sont guère. Si nos pères ont rendu des services au pays, si leur mémoire est honorée, s'ils nous ont transmis un héritage d'honneur ou même d'illustration, c'est un privilége dont il nous est bien permis d'être heureux; c'est aussi une responsabilité. Entre cette joie sérieuse et les sottes vanités la distance est grande. Connaissez-vous rien de plus misérable qu'un beau nom lâchement porté ? Nous avions à nous en montrer dignes ; mais non, le rude labeur de la vie nous déplaît. Au lieu de tenter de vaillants efforts, nous aimons mieux mener une vie facile, usant de l'héritage de gloire comme de l'héritage d'argent, pensant sans doute que nos pères ayant amassé, il ne nous reste qu'à dépenser. Or, la gloire se dépense plus vite encore que les écus. Que de gens ruinés ! Je plains les descendants inutiles d'un noble citoyen ; je les plains surtout s'ils se figurent qu'ils sont quelque chose.

Tenir à son nom dans ce sens-là, arborer son nom comme on mettrait une décoration à la boutonnière de son habit, ce n'est pas avoir l'esprit de famille. Il a l'esprit de famille, celui dont le cœur est attaché à la maison paternelle par d'indestructibles liens. Elle l'attire, il se préoccupe de tout ce qui s'y passe, il ne se trouve nulle part aussi heureux. Quand on me dit d'un jeune homme qu'il a la passion de vivre au milieu des siens, je me sens prévenu en sa faveur. Tant d'autres s'ennuient au logis ! Tant d'autres ne s'amusent qu'à la condition de le quitter ! Des soirées, des parties de plaisir, le théâtre, les voyages, ce qu'on voudra, pourvu que ce ne soit pas le logis. On donne satisfaction aujourd'hui à ce triste besoin, en procurant aux jeunes gens un appartement à part, en leur assurant aussitôt que possible une existence indépendante.

L'indépendance est bonne, et les parents sensés ne la marchanderont pas à leurs fils ; ils sauront relâcher les rênes et leur apprendre à juger par eux-mêmes, à prendre des résolutions, à gouverner un peu leur vie. Ce mâle exercice de la volonté fait partie des éducations bien dirigées. Mais les jeunes gens dont la naissante énergie est ainsi mise en jeu sont précisément ceux qui tiennent le plus aux joies du foyer. L'indépendance n'est pas l'isolement. Voyez-les revenir sans cesse à ce centre de la famille, qui est aussi leur centre à eux. Ont-ils des difficultés, des tentations, des doutes, des chagrins, des joies, ils les apportent là. Si vous leur ôtiez ce lieu, unique au monde, ils éprouveraient les douleurs de l'exil. Ils ont besoin de leur père et de leur mère, de leurs frères et de leurs sœurs ; ils ont besoin, et ceci importe, de l'unité indivisible qu'on appelle la famille.

Chaque famille est une unité, je dirai presque un être vivant. Le même sang circule chez tous ses membres. Il y a là un courant d'idées, de convictions, de désirs; il y a des tendances qui sont celles de tous, des intérêts qui sont ceux de tous; il y a des hérédités morales auxquelles on n'échappe pas. Si l'individualité réclame sa place, l'existence collective réclame aussi la sienne et elle aussi a été voulue de Dieu.

Quiconque a l'esprit de famille sait à quel point l'existence collective est réelle. Nous vivons avec les nôtres et dans les nôtres. Ce qui se passe à la maison fait toujours battre notre cœur; les menus incidents du foyer sont toujours des événements pour nous.

Ceci est mieux certes que l'orgueil du nom, mieux que l'esprit de corps. On n'en trouvera pas l'explication en se tenant à la superficie des choses; il faut descendre au fond même de notre être moral pour comprendre ces habitudes de l'âme. L'éducation seule les crée en nous; l'enfant qu'on a durement livré aux précepteurs, aux écoles ou aux colléges ne saurait éprouver de tels besoins. Comment s'attacherait-il à ce qu'il n'a jamais connu? Sans famille, point d'esprit de famille.

Parmi les leçons que l'école publique ne saurait donner, j'aurais dû indiquer dès le début les leçons de piété. Des leçons de religion, oui sans doute; mais qu'est-ce que cela? Quand un maître ou un pasteur nous aura fait réciter le catéchisme, qu'y aurons-nous gagné le plus souvent? Le christianisme ne s'apprend pas par cœur; il s'apprend par le cœur, ce qui est bien différent. Nous ne serons sauvés ni par des formes, ni par des formules, ni par des idées, ni par les connaissances de l'esprit; une croyance fort orthodoxe peut être fort sèche, fort égoïste, fort dépourvue d'onction et de vie. Il n'est donc pas inutile, vous en conviendrez, que Dieu ait institué, au fond de chaque demeure, un enseignement admirable de l'Évangile.

Au fond de chaque demeure, ai-je dit; en effet, il n'y a point d'exception, la grande égalité se trouve ici comme partout. Seulement il est beaucoup de familles qui tiennent la piété à distance et qui, soustraites à son influence, ne sauraient la communiquer à leurs enfants. Il en est d'autres qui, sans faire profession d'indifférence, trouvent bon de déléguer à des maîtres les devoirs les plus essentiels de l'éducation. Voilà comment il arrive que, contrairement à l'institution divine qui mettait une école de piété dans chaque demeure, le nombre de ces écoles domestiques est si restreint.

Mais là où elles existent, il s'accomplit une œuvre peu bruyante, peu remarquée, et dont rien cependant n'égale l'importance et la beauté. Essayons de nous en rendre compte.

Je ne sais pas à quel âge précis la mère parlera de Dieu à son enfant; je sais qu'avant de lui en parler elle le lui fera sentir, elle le lui montrera en quelque sorte. Le tout petit enfant verra déjà sa mère agenouillée près de son berceau, il suivra ses regards tournés vers le ciel; il y aura du ciel dans ses premières pensées, il respirera une atmosphère tout imprégnée de piété.

Les mères chrétiennes, qui croient que le but suprême de l'éducation c'est le salut de leur enfant, ne s'occupent guère à discuter des théories. Que Rousseau ait fixé à six ans l'âge avant lequel les questions religieuses ne doivent pas être abordées, qu'ailleurs il ait voulu supprimer d'une manière absolue l'action religieuse des parents, elles ne s'en inquiètent pas. Leur théorie à elles consiste à suivre l'impulsion de leur conscience et de leur cœur. Ce qu'elles ont de plus précieux, elles ne le donneraient pas tout de suite à leur enfant! Elles attendraient froidement l'heure où les faiseurs de systèmes les autoriseront à guider vers le Sauveur ces âmes bien-aimées! Elles retarderaient le jour où se joindront ces petites mains, sous prétexte que certaines notions théologiques ne sont parfaitement comprises que plus tard!

N'en croyez rien. Elles connaissent l'être si faible et si borné auquel elles s'adressent, elles suivent un à un ses développements et se mettent toujours à sa portée. Elles lui tiennent un langage qui est toujours entendu. Si vous pouviez lire comme elles ce qui se passe dans l'intelligence de l'enfant, vous seriez étonné de voir avec quelle sûreté les idées s'y forment; il conçoit déjà que Dieu est bon, que Dieu est puissant, que Dieu est toujours là et qu'il l'écoute lorsqu'il s'adresse à lui.

Avoir prié auprès de son enfant d'abord, puis avec son enfant, cela est immense. Non-seulement on a obtenu pour lui beaucoup de bénédictions, mais on lui a fait faire, dans les circonstances les meilleures, son premier cours de religion. Ce sera le plus important, d'ordinaire; rien dans le reste de sa vie ne pénétrera si avant, n'exercera une action si intime et si profonde. La théologie des mères n'est pas irréprochable; cependant, à tout prendre, elle vaut bien, je suppose, la théologie des docteurs. Ce Dieu vraiment père, ce Dieu qui aime, qui écoute, qui protége, ce Dieu penché vers les petits, c'est bien le Dieu vivant et vrai de l'Évangile.

Dans les maisons où l'on élève les enfants et où l'on connaît le prix de leurs âmes, quelque chose de sérieux se mêle à l'existence entière. Et ce sérieux n'y est pas l'ennemi, qui vient menacer les joies naïves de la jeunesse. C'est un visage ami que chacun connaît, avec lequel chacun a vécu, et qui n'effarouche personne. Loin de mettre en fuite la gaîté et les plaisirs honnêtes, il les appelle et les encourage. L'âme loyale est aisément gaie et nous ne goûtons jamais mieux la joie que lorsque nous nous sentons au droit chemin.

Comment en venons-nous à redouter les idées sérieuses? Comment se peut-il que pour être heureux nous ayons besoin de ne pas penser à Dieu, à notre âme, à l'éternité? Ah, si vous voulez que la vie soit désespérément triste, ôtez-en précisément ces pensées-là. La vie sans sérieux, la vie qui se compose de quelques jours plus ou moins misérables et qui aboutit brusquement à la mort, la vie où les douces espérances et les grandes perspectives font défaut, la vie où l'on tue le temps, où l'on fuit la vérité, où l'on se fuit soi-même, la vie qui n'a ni but, ni sens, ni intérêt, ni saveur, voilà ce qui est lamentable, ce qui glace l'élan, ce qui brise ou éteint le cœur.

Et les enfants, les jeunes gens l'éprouvent aussi bien que nous. De toutes les sottises qui ont cours, la plus inepte peut-être c'est la théorie qui veut qu'on écarte le sérieux des premières années, afin de leur laisser leur charme. Les fraîches jeunesses sont celles où Dieu est. Le soleil, que je sache, n'attriste pas le printemps. Qu'il est beau le printemps de la vie, lorsque le soleil d'en haut l'échauffe, lorsque les regards en se fixant sur le ciel bleu s'essayent à pénétrer dans les profondeurs radieuses de l'infini!

Je ne veux rien cacher d'ailleurs; la piété en entrant chez nous amène aussi des tristesses avec elle, de bonnes et saintes tristesses. Il est une façon sentimentale de la considérer qui, ne lui laissant que sa douceur, lui enlève sa puissance; la religiosité donne des émotions et n'impose ni luttes ni sacrifices, la religion est chose plus grave. Or, nous parlons ici de la religion. Elle demande à tous, aux jeunes comme aux vieux, ce travail vigoureux, cette lutte contre le mal, qui ne va pas sans blessures. Elle nous contredit, elle nous gêne, elle nous humilie, elle nous attriste; comment n'en serait-il pas ainsi? Les œuvres profondes sont des œuvres douloureuses, et pour changer le cœur il faut bien le chagriner un peu.

Mais cette bataille-là est le fondement de la vraie paix, mais cette tristesse-là est la source de la vraie joie. Entrez chez ceux qui se sont virilement engagés dans le sentier de l'éducation chrétienne, vous trouverez des enfants pleins d'entrain et de séve; la vie ne leur paraît pas moins belle pour être mêlée de devoirs, l'avenir ne leur semble pas moins brillant pour aboutir à l'éternité. Au-dessus de la terre ils voient le ciel, et la terre n'y perd rien. Ils respirent un air fortifiant, ils marchent dans la vérité, il fait clair autour d'eux. Je vous assure qu'ils sont bien enfants, que leurs rêves et leurs illusions dorées leur font cortége, qu'ils prennent feu pour leurs plaisirs, que leur rire s'entend de loin. L'Évangile, encore un coup, est venu transformer et non mutiler.

Que l'éducation chrétienne soit facile, c'est une autre question. Rien n'est facile ici-bas. L'éducation est malaisée, comme la vie, comme le devoir, comme le bonheur. Ces mères qui ont enfanté une seconde fois leurs fils en les amenant à Christ, ont eu à vaincre beaucoup, beaucoup d'obstacles; dans leur propre cœur et dans celui de leurs enfants, il s'est livré plus d'un combat acharné. Les tentations du christianisme facile, de la demi-fidélité, sont venues les assaillir plus d'une fois; plus d'une fois aussi les critiques ou les exemples du dehors ont troublé un moment la marche de la famille. Maintenant, par la force que Dieu donne, cette marche s'est affermie, tout va bien.

Qu'on est heureux alors ! Avec quelle puissance de contagion l'Évangile se propage, allant des parents aux enfants, des plus avancés aux plus faibles ! L'Évangile ne s'apprend pas comme une page de Virgile ou une proposition d'Euclide ; il s'apprend ici par la vue, par la respiration en quelque sorte. L'enfant touche de ses mains les preuves par excellence de la vérité : il voit que l'Évangile donne la joie, il voit que l'Évangile accroît et améliore la vie, il voit que l'Évangile n'est ni un système ni une forme, il voit qu'avec l'Évangile il y a de chaudes tendresses. Quel enseignement vaudra celui-là?

Et qu'on ne dise pas que ceci est réservé aux chrétiens d'élite ; de très-humbles chrétiens, des commençants, pourvu qu'ils aiment et qu'ils prient, savent élever leurs enfants sous le regard de Dieu. Au travers de beaucoup de misères et d'erreurs, le rayonnement de la vraie foi s'opère ; il est telle mère bien ignorante, bien superstitieuse peut-être, et qui sait montrer le ciel à ses enfants. Elle s'est agenouillée chaque jour, elle a répandu son cœur devant Dieu, elle a réchauffé sa couvée sous ses ailes. Eh bien, quelque chose de grand s'est accompli; dans vingt ans, dans cinquante ans, les fils de ces mères-là, même quand ils ont oublié leurs leçons, rencontreront tout à coup devant eux une des images bénies de jadis, et leur cœur se troublera, et les larmes monteront à leurs paupières. Qui sait si ce n'est pas un appel d'en haut?

Vous connaissez le grenadier de Charlet, qui murmure ces mots : « Je crois que je me sens de la religion. » D'où vient son émotion? Il y a là, près de lui, deux enfants à genoux devant une tombe sur laquelle ils ont déposé une grosse couronne de fleurs. Le soldat a tout deviné : les pauvres petits ont perdu leur mère. Et voilà que la sienne lui revient en mémoire, son âme de fils tressaille, les temps anciens ont reparu ; il a prié lui aussi, lui aussi autrefois il a plié les genoux avec celle qui l'avait porté dans ses bras, il croit qu'il se sent de la religion.

Expression naïve, qui dit quelque chose et dont il ne faut pas faire fi. De la religion, ce n'est rien dans la bouche des gens qui se servent d'une banalité pour échapper à une croyance ; de la religion, c'est beaucoup dans la bouche des gens simples qui ignorent plutôt qu'ils n'ont rejeté. Le soldat de Charlet est de ceux-là; il y a de l'attendrissement, du respect, de l'adoration inconsciente dans son attitude.

Les souvenirs de la famille ne suffisent ni à nous garder, ni à nous ramener ; trop souvent ils ne produisent qu'une émotion superficielle et passagère, d'accord. En est-il moins vrai que la grande école de piété est tenue par les mères?

Et elles tiennent, hélas, aussi la grande école d'impiété. Dans ces maisons où l'on n'aime pas Dieu, où l'on ne prie pas, où certaines plaisanteries ont cours, où peut-être, sans aller jusqu'à attaquer la foi chrétienne, on s'arrange pour s'en passer, où les préoccupations matérielles tiennent la première place, où le seul culte est celui de l'argent, du plaisir, de la vie aisée, du succès, dans ces maisons-là l'enfant reçoit un enseignement. Vous croyez qu'il n'observe pas ; vous vous trompez. S'il n'a pas compris toutes vos paroles, il a compris votre exemple. En vain lui ferez-vous donner ensuite, qui sait? des leçons de religion ; il n'oubliera pas ce qu'il a vu chez lui.

Parmi les choses qui ne s'apprennent pas au collége, il en est deux encore que je tiens à rappeler : le devoir et l'obéissance.

C'est une pauvre vie que celle qui ne repose pas d'aplomb sur le fondement du devoir. Il y a là des intérêts, des préférences, des inclinations, des goûts plus ou moins honnêtes ; il y a peut-être de temps à autre un accomplissement de ce qui est bon ; mais faire le bien sans savoir qu'il oblige, ce n'est le faire qu'à demi. Il a droit à notre respect ; il faut qu'il soit à sa place dans notre cœur, il faut que nos bonnes œuvres soient des œuvres de conscience. La notion du devoir est à la base de la moralité ; elle constitue en grande partie la dignité de notre vie, elle y met la règle, elle y fait entendre la forte voix de l'autorité souveraine.

Pourquoi voit-on tant d'âmes qui vont à la dérive, incapables de résistance, ne sachant prononcer la parole décisive : « Je ne puis autrement? » Pourquoi voit-on tant d'esclaves de l'opinion, tant d'hommes prêts à suivre le courant où qu'il aille? Parce que l'éducation n'est pas venue leur donner ce qu'elle donne seule, la notion austère du devoir.

L'inclination ne remplacera jamais le devoir. Mes tendances, si excellentes soient-elles, ne me fourniront jamais l'absolu. Et que deviendrai-je sans l'absolu? De quelle énergie disposerai-je lorsque mes inclinations se trouveront en face de mes tentations, lorsque mes tendances auront à affronter mes périls, lorsqu'il y aura à choisir enfin? Ce que le devoir a précisément d'admirable, c'est qu'avec lui il n'y a pas à choisir. Ceci est obligatoire, donc ce qui s'en écarte est mauvais. Voilà qui est simple et net; je pourrai manquer à mon devoir, mais du moins je saurai ce que j'ai fait, ma conscience me le dira.

La notion du devoir est si puissante, si nécessaire, qu'on ne parvient jamais à la supprimer tout à fait; seulement on l'affaiblit, on la met à un rang qui n'est pas le sien, on la confond avec les considérations secondaires. Je ne connais que l'éducation qui soit en mesure d'écarter un pareil danger. Elle nous place, elle, dès nos premières années, en face du devoir, de l'absolu, de l'incontesté. En voyant notre père et notre mère, nous voyons le devoir. Cela va de soi et aucun doute ne s'élève en nous. Dès lors, nous recevons au plus profond de nos cœurs une empreinte que rien n'effacera. La vie peut venir, avec ses tempêtes et ses naufrages; tous les flots des passions peuvent passer sur l'empreinte sacrée, n'ayez pas peur, on la retrouvera un jour; ceux qui ont eu un père et une mère conservent toujours le mot devoir écrit quelque part en eux.

Ceux qui n'ont eu que des professeurs et à qui la maison paternelle ne rappelle que les vacances, ceux qui même en vivant sous le toit de leurs parents n'ont pas été réellement élevés par eux, ont bien plus de peine à comprendre le devoir. Son incarnation visible leur a manqué. Ils auront rencontré des ordres et des défenses, des récompenses et des châtiments; ils auront peu connu l'autorité vénérée qui fait loi, indépendamment des châtiments et des récompenses. On leur aura exposé peut-être la théorie du devoir, on leur aura expliqué le *De officiis*; mais l'axiome vivant, qui se démontre sans preuves, qui saisit de plein droit l'existence à son début, qui établit pour nous au milieu des agitations, des hésitations, des inclinations bonnes ou mauvaises, un point fixe et inébranlable, cet axiome où sera-t-il ?

Et ce que je dis du devoir je le dis aussi de l'obéissance ; voilà encore une chose qui ne s'apprend qu'au foyer.

Il est une obéissance de nécessité qu'on nous enseignera partout ; l'obéissance de conscience doit nous être enseignée par notre père et par notre mère. Cette obéissance, active et non passive, provenant du devoir et non de la crainte ou du calcul, elle naît d'elle-même au sein des familles.

Qui fera, si ce n'est elle, l'éducation de notre volonté ? Qui lui donnera les habitudes de respect et de soumission ? Qui saura, tout en s'adressant à notre spontanéité, tout en nous invitant à comprendre et à réfléchir, tout en respectant nos scrupules de conscience, nous incliner humbles et confiants, libres de la vraie liberté, sous le joug de l'autorité légitime? Ceux dont les droits sur nous ont le caractère de l'évidence.

Le temps de la jeunesse appartient à l'autorité. C'est le plan de Dieu, et quiconque le change s'en trouve mal. Les vies où la période de l'autorité a été supprimée s'en ressentiront jusqu'au bout. Il nous est bon d'avoir plié, d'avoir renoncé à notre sens propre, d'avoir fait taire nos préférences. L'obéissance est une grande leçon.

J'entends l'obéissance filiale, celle qui est unique au monde, qui n'abaisse pas, qui n'affaiblit pas, qui redresse au contraire et qui fortifie, celle qui fait des hommes après avoir fait des enfants.

Des hommes, des enfants, il n'y en a pas tant qu'on le croit. Les hommes véritablement hommes ont été d'ordinaire véritablement enfants; ceux qui ont appris à commander avaient appris à obéir.

Lorsqu'on n'a pas appris à obéir dans son enfance, on apprend, hélas, à obéir dans son âge mûr. Triste obéissance que celle-là : l'obéissance aux événements, à la force, au succès, à l'opinion ! Les fils soumis font les fermes citoyens ; il n'est rien de tel que d'avoir fléchi à propos, pour ne pas fléchir à tout propos; de même que la dépendance vis-à-vis de Dieu est le fondement de l'indépendance vis-à-vis des hommes, de même la soumission à la juste autorité des parents sert de base aux fortes résistances que rencontrent les autorités injustes. Personne ne s'avilit en obéissant à son père, en sacrifiant une préférence à un devoir ; les âmes ainsi exercées, ainsi forgées, sont celles qui comprennent le mieux la dignité humaine. Le devoir, qui nous apprend à courber la tête, nous apprend aussi à la relever.

« L'obéissance est en blanc dans le moderne programme de la vie. » J'adopte ce mot, souvent cité, de Vinet, mais je n'accepte pas les conséquences qu'on en a tirées. On est parti de là pour regretter la famille d'autrefois et les éducations d'autrefois, le bon vieux temps où le respect était assis au foyer; où les fils donnaient du « monsieur » à leur père et où les pères le prenaient de haut avec leurs fils.

Le bon vieux temps, que je n'aime guère, ne m'attire pas même par cet endroit. Il m'a toujours été impossible d'accorder un regret, quel qu'il soit, à l'ancien régime. Or l'ancien régime en matière d'éducation, c'était la désertion aussi complète que possible de tous les devoirs des parents. Mettre sa fille au couvent, confier son fils à un gouverneur, telle était la méthode des gens qui donnaient le ton. Du plus au moins, chacun tâchait de les imiter.

Je ne me sens aucun faible pour les pères et pour les mères qui n'avaient avec leurs enfants que des relations sèches et officielles. Y avait-il là beaucoup de respect? Cela ne me semble pas certain. En tous cas, il n'y avait pas beaucoup de tendresse, et que reste-t-il à la famille, quand on en retranche cela? On ne saurait parcourir les Mémoires ou les histoires du siècle dernier, sans avoir le cœur soulevé d'indignation. Quelle société! Quels parents! Quels enfants! Sous ce respect apparent, quelles révoltes! Dans ces maisons où l'étiquette est si bien observée, j'aperçois des désordres, et aussi des désobéissances, dont la vue ne se supporterait pas aujourd'hui. Personne ne s'en étonnait alors. A vrai dire, la famille a été rarement aussi près de disparaître.

Nos lamentations rétrospectives s'adresseraient-elles par hasard à la Bastille, aux lettres de cachet? Le beau idéal à nos yeux serait-ce le père de Mirabeau (l'ami des hommes) faisant enfermer tous ses enfants? On peut choisir sans doute dans l'ancien régime des époques moins rabaissées, des classes moins corrompues; on ne parviendra cependant pas à y rencontrer souvent ce type accompli qui concilie l'affection et le respect.

Je ne crains pas de l'affirmer, la famille actuelle, malgré les graves défauts qui nous frappent en elle, se rapproche beaucoup plus de ce type que la famille ancienne ne l'avait fait, à quelque siècle de l'histoire qu'on la prenne. Ne flattons pas notre temps, ne le calomnions pas non plus. Quant à moi, je suis de mon temps, et je crois qu'il vaut mieux, somme toute, qu'aucun de ceux qui l'ont précédé.

Le père actuel a bien son mérite. J'aime sa cordialité ; j'aime les relations simples, confiantes, détendues qui se sont établies dans nos demeures; j'aime jusqu'au tutoiement qui a remplacé l'ancien cérémonial.

Mais le tutoiement moral est de trop. Chacun tombe du côté où il penche; nos ancêtres sont tombés du côté de la sécheresse et de la roideur; nous tombons du côté de l'égalitarisme. Nos enfants ne sont pas nos égaux, et pourtant nous les traitons comme tels. Ils pourraient être ou devenir nos amis, nous en faisons nos camarades.

Ceci est un grand mal. La famille, qui périssait jadis faute de tendresse, est menacée de périr maintenant faute d'autorité. Il semble que nous ayons fait serment de séparer ces deux éléments si étroitement unis, nous figurant tantôt que l'autorité grandira si nous restreignons la part de la tendresse, tantôt que la tendresse sera accrue si nous renonçons à l'autorité. Or c'est le contraire qui arrive: ôtez la tendresse, vous ne savez plus où trouver l'autorité véritable; ôtez l'autorité, vous avez perdu la vraie tendresse.

On s'aime moins, on s'aime mal, lorsqu'on s'aime

autrement que Dieu ne l'a voulu. Les affections de famille ont un caractère qui n'appartient qu'à elles et qui fait leur charme, leur dignité, leur puissance. Il est si doux de chérir en vénérant !

Bien des gens trouvent commode de déserter leur rôle, de fermer les yeux sur le mal, de laisser s'établir dans leur intérieur le sans-gêne le plus complet. Être bons et faciles, voilà leur grande prétention ; s'ils faisaient entendre un reproche, ils craindraient de ne plus être aimés. Que se passe-t-il alors ? Les liens de famille, loin de se resserrer, se relâchent. Rappelez-vous le père Goriot, ce type ignoble buriné par Balzac. Est-ce un père ? non ; tout ce qui est en nous proteste. Et nous ne nous étonnons pas si ses abominables filles l'aiment peu, ayant cessé de le respecter.

Je crains qu'il n'y ait bon nombre de pères Goriot dans la vie réelle. En tous cas, la littérature contemporaine nous présente à chaque instant des figures qui se rapprochent de celle-là. Entre fils et pères les mauvaises familiarités abondent ; le père est le confident attitré de l'inconduite de son fils, et c'est quelquefois à titre de revanche. Les familles prennent un air de mauvaise compagnie. Où allons-nous donc?

Ah, l'éducation de la famille peut devenir la plus détestable de toutes, si de telles tendances achèvent de prévaloir. Quand l'autorité a disparu, quand le respect s'efface, il n'y a plus place pour les enfants auprès du foyer. Envoyez-les où vous voudrez, à l'école, au collége; cela vaudra toujours mieux que la faiblesse incurable ou la complicité dégoûtante des parents. Privez-les de l'éducation, plutôt que de leur donner une éducation corruptrice. Je ne vois rien d'aussi pervers que les jeunes gens qui ont respiré un air vicié à la maison. Fainéants, égoïstes, dépourvus d'énergie, accoutumés à leurs aises, n'aimant et ne respectant qui que ce soit, ils n'ont ni les qualités que donne la vie de famille ni celles que donnent les rudes leçons du dehors. Ils ne savent pas ce que c'est que le devoir; le bien et le mal se confondent à leurs yeux. Comment en serait-il autrement? Lorsque le père et la mère cessent de combattre le mal, un chaos moral se produit, toutes choses se mêlent et se brouillent pour ainsi dire. La conscience visible de la famille s'est obscurcie; il fait nuit.

Mais n'allons pas si loin. Les parents indifférents au vice et disposés aux lâches complicités ne sont certes pas les plus nombreux. Ce qui abonde, ce sont les parents faibles. Ils ne renonceront pas à blâmer ce qui est scandaleux, ils se rangeront en général du bon côté, ils sauront adresser çà et là à leurs enfants un avertissement ou un reproche; par malheur, tout cela se fait mollement, on n'est père et mère que le moins possible et en quelque sorte pour l'acquit de sa conscience. Ce n'est pas ainsi qu'on peut forger des caractères, des âmes viriles, capables de résistance et d'indépendance; l'éducation dépourvue d'énergie fait des enfants gâtés. Tantôt impuissants, inertes, sans initiative et sans réaction, tantôt brusques, grossiers, égoïstes, ils n'apprendront ni à se sacrifier ni à se gêner; ceux qui les entourent auront à souffrir.

Voulez-vous voir la manifestation naïve, je devrais

dire brutale, de ces tristes tendances, allez au village. L'autorité des parents y est presque nulle ; il y aura de temps en temps une scène, une bourrasque, des coups peut-être, mais les enfants soumis sont rares. Si un maître d'école déplaît aux enfants, s'il ne les trouve pas charmants, s'il les punit, s'il adresse aux familles quelques remontrances, c'est un homme perdu. Qui le soutiendrait? Il prétend se faire obéir!

Et les parents récoltent ce qu'ils ont semé : ils sont entourés de peu de soins, de peu de respects. Dès que la vieille mère ne peut plus tenir le ménage, dès que le vieux père ne peut plus travailler, on les laisse à l'écart; on trouve, ou peu s'en faut, qu'ils sont de trop ici-bas, et eux-mêmes ne sont pas éloignés de le penser. Je connais des exceptions très-touchantes, je sais tel père âgé auprès duquel sa fille se tient, attentive et attendrie ; je sais telle chaumière où l'affection filiale a des égards, des prévenances, des délicatesses sans nombre ; toutefois, prenez garde, ces exceptions ne se présentent précisément que chez les gens qui ont su être fermes, qui ont élevé leurs enfants et ont maintenu leur autorité. Ceux-là, d'ordinaire, sont obéis, respectés, aimés jusqu'au bout.

Les autres ne compromettent pas seulement leur propre bonheur et leur propre dignité, ils font à leurs enfants un mal peut-être irréparable. Cette affection désordonnée apprend aux enfants à tout rapporter à eux ; il arrive alors que leur égoïsme acquiert des proportions effrayantes. Un petit despote, capricieux et exigeant, c'est quelque chose de monstrueux. Ah, quelle responsabilité pèse sur ceux dont la tendresse imbécile l'a dressé à un tel rôle ! Voici un enfant qui entre, sort, interrompt, fait du bruit, désobéit, n'a d'égards pour personne, se rend importun à la famille et aux étrangers ; vous riez des sottises du « cher petit. » Il faudrait en pleurer. Bientôt l'idée du devoir n'existera plus pour lui, et il ira peut-être ainsi devant lui sa vie durant, sans penser aux autres, sans se gêner en rien, cédant à ses impulsions bonnes ou mauvaises. Les petits égoïstes deviennent de grands égoïstes ; ce qu'il y a de grâce dans l'enfance s'efface plus tard ; alors, en dépit des qualités de l'esprit ou du cœur, rien ne rachète plus le vice affreux qui envahi l'homme entier et est devenu comme une seconde nature.

Ce que nous avons ôté de l'éducation, nous tâchons de l'ôter aussi des études. Celles-ci pouvaient être jusqu'à un certain point éducatives; elles pouvaient mettre sur le chemin de nos enfants quelques difficultés à surmonter, quelques efforts à accomplir; un principe de vigueur pouvait se retrouver là. Eh bien, il semble que nous prenions à tâche de l'écarter. On sait quelles méthodes amollissantes tendent aujourd'hui à prévaloir. On cherche les procédés amusants et rapides. Pourvu que les enfants apprennent, qu'importe comment?

Mais c'est justement là ce qui importe. Ils n'apprennent souvent que trop de choses; vous entassez pêle-mêle dans leur cervelle une foule de notions mal digérées; ils savent un peu de tout, et n'ont rien saisi par eux-mêmes, ils ont lu beaucoup de livres, et n'en ont pas aimé, compris, médité un seul. L'art de bien lire, en réfléchissant, leur est resté étranger. Pendant leur vie entière ils continueront à parcourir sans approfondir; ils n'auront que la science courante, celle qu'on puise à ses moments perdus dans les journaux, dans les revues et dans les salons.

Ce n'est pas assez; et quand même ils y joindraient plus tard les études professionnelles qui doivent leur ouvrir une carrière, quand même ils feraient alors un grand effort, quand même ils deviendraient médecins habiles, jurisconsultes distingués, savants ingénieurs, quand même ils se feraient un nom dans la science proprement dite, les lacunes de leur éducation première ne seraient pas comblées pour cela. Le fond manquerait. Il faut avoir acquis de bonne heure les habitudes du travail, le goût et en quelque sorte le respect des bons livres. Une certaine culture de l'esprit commence alors et ne commence guère qu'alors. En débilitant les études de nos enfants, en les dispensant de ce qui les fatiguait, en renonçant à rien exiger, en les mettant sur la voie de la science aisée, nous avons compromis tout leur avenir. Quels que soient un jour leurs travaux et leurs succès, ils se ressentiront du mal que nous leur avons fait.

Et que parlé-je de travaux! Ceci est la très-rare

exception. Il n'en faut pas tant pour arriver à une profession convenable, pour se faire sa place dans la société, pour causer avec agrément, pour être fonctionnaire, avocat, député, pour acquérir peut-être la réputation d'homme capable ou d'homme d'esprit. Si notre ambition de père ne va pas au delà, si nous avons fait notre deuil du caractère, de la dignité morale, de la distinction véritable, il se peut que nous réussissions. Ces enfants que nous avons élevés dans du coton, auxquels nous avons épargné les devoirs pénibles et par-dessus le marché les études sérieuses, se hisseront peut-être un jour jusqu'à l'honnête moyenne qui a souvent les gros lots ici-bas, moyenne de convictions, moyenne de lumières, moyenne de volonté, moyenne de conscience. Peut-être feront-ils leur chemin. Qui sait s'ils ne laisseront pas bien loin derrière eux les âmes d'élite, moins malléables et plus fières?

C'est notre meilleure chance ; ai-je besoin de dire que ce n'est pas la seule? Il n'est pas prouvé que nos enfants atteignent toujours ce niveau, si rabaissé soit-il. On ne parvient à cette médiocrité-là qu'en consentant à travailler un peu, à se gêner un peu. Y consentiront-ils? Je ne voudrais pas m'en porter garant.

Ils seront d'autant moins capables d'énergie, que nous nous serons plus abandonnés devant eux à nos illusions paternelles. Que voulez-vous que fassent des enfants qui entendent dire et qui croient que rien ne peut leur être comparé, qu'ils ont toutes les vertus, tous les talents et tous les charmes? Quand on est si bien doué, est-ce la peine de se tourmenter beaucoup? Je ne vois pas que les princes auxquels les fées accordaient autrefois des dons eussent besoin de se livrer à de grands efforts; le don agissait, ils étaient délicieux, spirituels, braves, invincibles, sans avoir à s'en mêler. Or, à entendre la naïve expression de notre vanité, nos enfants auraient eu, non pas une fée, mais toutes les fées réunies autour de leur berceau. Nous tenons le langage du hibou de la fable :

> Le hibou repartit : « Mes petits sont mignons,
> Beaux, bien faits et jolis sur tous leurs compagnons,
> Vous les reconnaîtrez sans peine à cette marque.

Il paraît qu'au temps de la Fontaine on n'était pas

sur ce point plus raisonnable que nous. Sur d'autres points nous avons inventé des gâteries inconnues à nos pères. Je vois des parents qui s'apitoyent sur les pauvres enfants qui n'ont pas de café au lait pour déjeuner! J'en vois d'autres qui s'épouvantent ou s'indignent en apprenant que leur cher fils a reçu quelques coups de poing et qu'il a un œil poché!

Hé, bienheureux coups de poing du collége, que nous les jugerions autrement, si nous savions ce que vaut l'apprentissage du courage et de la vigueur! Tout n'est certes pas bon dans un duel de collége, des sentiments violents y jouent leur rôle; mais du moins le jeune enfant qui accepte une rencontre va au-devant d'un danger, très-réel pour lui, et plutôt que d'être lâche s'expose à une douleur. J'ai vu à Louis-le-Grand des gamins véritablement héroïques qui s'attaquaient à plus grand qu'eux, et cela parfois afin de défendre un opprimé.

On sait si j'aime l'éducation de la famille. Ce que j'en aime toutefois ce n'est ni les tartines et les tasses de lait, ni le doux abri où ne pénètrent pas les luttes vaillantes et les gourmades. Il est une façon romaine, spartiate, si l'on veut, d'envisager l'éducation, qui me paraît bien supérieure à nos méthodes énervantes.

Je parle ici de Sparte et de Rome au sens traditionnel, non au sens historique. La Rome historique, la Sparte historique ne méritent certes pas qu'on les imite, en matière d'éducation surtout ; quant à l'emploi traditionnel de ces mots, c'est autre chose ; il ne désigne que l'énergie, l'austérité, la sévérité peut-être. Dans ce sens, il vaut la peine de nous demander si nous sommes assez spartiates et assez romains.

Ma mère nous aimait avec une tendresse, une passion, qui n'ont jamais été surpassées. Eh bien, elle, si indulgente pour tous les autres enfants, elle était presque sévère avec les siens. Il lui semblait qu'elle ne pouvait assez exiger. Faire des hommes, cela lui paraissait si grand ! A la pensée d'une lâcheté, d'une faiblesse, tout son cœur maternel se révoltait. Je me rappelle qu'une fois mon cheval lancé au grand galop m'avait jeté sur la route ; le sang coulait en abondance de ma tête ; ma mère, plus pâle que moi, bandait la blessure. Et je voyais, tout enfant que j'étais, le combat terrible qui se livrait au dedans d'elle entre son besoin de m'embrasser et sa crainte de m'affaiblir en m'apprenant à redouter une blessure ou une douleur. Une autre fois, c'était à l'époque du choléra, du grand choléra de Paris, nous étions là tous les deux, mon frère et moi. Fallait-il nous soustraire à la contagion? Ma mère, plus morte que vive, sut imposer silence à ses angoisses, elle se condamna elle-même à subir les tortures de l'absence; elle ne voulut ni venir à nous ni nous rappeler à elle : « Quelle leçon leur donnerais-je? disait-elle. Une leçon de timidité. Il importe qu'ils soient des hommes. »

Il y a une sévérité dure et sèche qui ferme le cœur; celle-là ne fait jamais de bien. Il y a une fermeté stoïque et tendre, qui exclut l'idolâtrie, qui ne caresse pas nos défauts et qui sait nous affliger, nous exposer peut-être, à force de nous aimer virilement; celle-là nous est nécessaire. Elle seule imprime à nos âmes un caractère de vigueur; elle seule met en nous cette qualité particulière à laquelle les Anglais ont donné le beau nom de *consistency*, le dévouement quand même aux principes, la fidélité au drapeau, la tenue morale. Par elle s'opère (chose rare!) l'éducation de la volonté; par elle se découvre à nous le côté austère de la vie, qui est aussi le côté élevé; par elle nous échappons à l'impuissance des gens blasés, nous acquérons du nerf, du ton, et au travers de chutes nombreuses nous pouvons avancer vers un but dont nous avons compris la grandeur.

L'éducation énergique fait une large place aux exercices du corps. Ceci n'est pas un simple détail; il manquera toujours quelque chose aux jeunes gens qui ne savent pas tenir une épée, qui ont peur d'un cheval ou craignent une longue marche. Sans aller aussi loin que nous le faisions dans notre enfance, quand, dominés par l'ambition d'être *forts*, nous trouvions bon qu'en plein hiver on nous frottât tout le corps de neige, quand nous mettions des pierres dans nos souliers, quand nous nous exercions à supporter la douleur, il est permis d'affirmer qu'aujourd'hui on rend un triste service à la génération nouvelle en la dispensant, en la préservant devrais-je dire, de l'éducation physique qui devait contribuer à son développement.

Les exercices du corps déplaisent à beaucoup d'enfants; les difficultés premières les rebutent, il faut une certaine fermeté pour triompher de leurs hésitations. Mais cette fermeté ne tarde pas à trouver sa récompense. Ils étaient gauches, lourds, mous; les voilà lestes et dégagés. Leurs forces se déploient; ils prennent quelque chose de hardi; une saine élégance se révèle en eux; ils se sentent plus adroits; ils se portent mieux, ce qui ne gâte rien.

Quand ils en seront là, soyez tranquilles, vous n'aurez plus besoin de les contraindre; le goût sera né, un goût plein de charme et de distinction. La distinction a son prix en tout temps; à notre époque de nivellement elle est doublement précieuse.

Je me suis demandé bien des fois comment étaient faits ces hommes du seizième siècle, qui tiraient l'épée, montaient à cheval, nageaient, jouaient à la paume, et qui trouvaient le temps d'étudier toutes les branches du savoir humain, d'apprendre les langues de l'antiquité, de faire des livres, d'écrire des vers, de remplir une carrière active, très-active souvent, et d'aller par-dessus le marché faire le coup de pistolet aux quatre coins du pays. De fortes âmes dans des corps vigoureux, voilà qui explique bien des choses.

La vigueur du corps n'est pas inutile à la force de l'âme. Monter et animer un coursier fougueux, fendre à la nage les flots de la mer, soutenir sans lassitude les fatigues d'un assaut d'armes, affronter les difficultés de la gymnastique, ce n'est pas perdre son temps; l'homme moral et l'homme physique se développent à la fois, l'unité harmonieuse de notre nature s'en trouve bien. Au collége, le jeu de balle et les parties de barre nous disposaient admirablement aux travaux de la salle d'étude. Si je pouvais persuader à nos écrivains de faire deux lieues à pied chaque jour, il y aurait une révolution dans la littérature : nous aurions moins de critique et plus de poésie; on nous ferait des livres plus simples, plus vrais, plus vivants, plus prime-sautiers.

Et si je pouvais persuader aux parents de mettre l'escrime, la natation, le cheval, la gymnastique, la musique, les jeux virils (comme ceux des étudiants anglais) dans l'éducation de leurs enfants, la révolution serait bien autre. On retrancherait quelques branches d'étude, on rédigerait des programmes moins encyclopédiques; et ce qu'on ferait, on le ferait mieux. Nous aurions une génération bien portante, dans tous les sens de ce mot.

La nôtre ne l'est pas. A l'âge où il faudrait beaucoup de promenades, de gymnastique, de grand air, les écoles primaires et secondaires imposent parfois aux jeunes intelligences un travail qui dépasse leurs forces. Il est des écoles qui enseignent beaucoup trop de choses à la fois. On ne peut assurément pas faire le même reproche au collége; mais la préparation à certaines carrières se charge à son tour de nous donner des esprits surmenés, des corps dépourvus d'élasticité et de vigueur.

Ainsi nous avons une grande majorité de fainéants qui ont perdu leurs belles années et une élite à moitié écrasée par des études sans bon sens qui empiètent sur les nuits et sur le repos nécessaires, qui placent les jeunes gens dans des conditions de vie que la plupart ne subissent pas impunément.

Les exercices du corps, si nous leur assurions leur place légitime, préviendraient de pareils excès. Ils nous empêcheraient de livrer nos enfants aux engrenages d'un mécanisme scolaire qui, fonctionnant par secousses, tantôt semble s'arrêter, et tantôt broie impitoyablement les intelligences et les corps.

La fermeté qui contraint l'enfant, le protége aussi. Rien de protecteur comme la fermeté; rien de cruel comme la faiblesse.

Pour peu que les familles le veuillent, elles obtiendront qu'un espace plus large soit réservé dans l'instruction publique elle-même aux exercices gymnastiques, à la marche, au grand air. Quelques programmes se simplifieront et n'y perdront rien. Enfin, s'il reste des moments de travail forcé, et il y en aura toujours à l'entrée des carrières qui s'abordent par la voie du concours, les jeunes gens en possession de leurs forces et ayant mené une vie saine seront bien plus capables de donner ce coup de collier que ceux qui traînent languissants à travers les alternatives de la mauvaise indépendance et de l'étude immodérée. Nos fils, retenus par la vigilance paternelle loin des clubs et des fumoirs, habitués à employer leur temps, préservés des contacts corrupteurs, traverseront avec succès les épreuves où d'autres achèvent aujourd'hui de succomber. Comme ils sauront bien ce qu'ils savent, ils seront capables de supporter sans fléchir un encombrement momentané de leçons et d'examens.

Les parents qui s'occupent d'élever un fils comprennent qu'il aura besoin avant tout d'énergie physique et morale. Quelle que soit notre position, aucun de nous ne peut dire avec certitude qu'il transmettra une fortune à la génération qui le suit. Il importe que ceux qui nous succéderont soient en état de gagner leur vie; il importe, qu'à la rencontre des difficultés, ils soient en état de réagir, de prendre un parti, de se conduire en hommes. Dieu a jugé bon de nous placer dans un temps où domine la pensée de gagner de l'argent, mais où personne n'est sûr de le garder; c'est sans doute afin que les pères honnêtes et sensés s'attachent à laisser après eux un héritage plus solide que les obligations de chemins de fer ou le trois pour cent. Si nos fils ont reçu de nous des convictions profondes, des principes droits, le sentiment du devoir, l'amour de la famille, l'habitude du travail, la dignité du caractère, s'ils croient, s'ils luttent et s'ils prient, les cataclysmes politiques ne leur feront jamais beaucoup de mal.

Ils seront citoyens, et ceci est encore un fruit de l'éducation virile. Le citoyen, au sens moderne du mot, c'est-à-dire l'homme qui a une conscience à lui et qui l'écoute, est une des créations les plus magnifiques de l'Évangile. L'État antique absorbait tout, famille, croyance, individu ; l'État moderne doit reposer sur une autre base. Des âmes libres dans l'État libre, voilà notre maxime.

Et comment faire des âmes libres, si l'on ne fait des âmes fortes ? Il n'est pas si aisé d'être libre. L'indépendance ne court pas les rues, et, depuis que je regarde agir la société politique, il ne m'est pas arrivé souvent de rencontrer un homme.

Un homme ! Partout où il en paraît un, on lui fait place. Il est blâmé, redouté et respecté. Il ne cède pas à l'injustice, il ne se courbe pas devant le nombre, il n'adore pas le succès, il pardonne aux bonnes causes de n'être pas triomphantes.

Je l'ai déjà dit, faire des hommes, c'est le but de l'éducation. Les parents chrétiens oublient étrangement leur tâche, lorsque, adoptant je ne sais quelle théorie semi-monacale, ils semblent penser que parce que leurs enfants ont appris à servir Dieu ils ne doivent pas servir leur pays. Aux yeux de certaines gens, s'occuper des affaires publiques ce serait en quelque sorte sortir de religion et rentrer dans le siècle. Ai-je besoin de rappeler que tel n'est point le principe de l'Évangile? L'Évangile transforme notre vie, ce qui est un peu plus difficile et plus beau que de la diminuer. Il ne nous donne pas à choisir entre le titre de citoyen et celui de chrétien; il nous invite à être des citoyens chrétiens. Loin de retrancher quelque chose à nos devoirs, à notre activité, à nos affections, à nos développements, il ouvre devant nous des horizons plus larges, plus purs, plus radieux, et les prolonge jusque dans l'infini du ciel. « Je ne te demande pas de les ôter du monde, disait Jésus-Christ à son Père, mais de les retirer du mal. »

Si nos enfants, au reste, deviennent des citoyens médiocres, cela tient moins d'ordinaire à nos théories qu'à nos faiblesses. Ceux qui proscrivent systématiquement la participation aux affaires publiques sont en petit nombre ; ceux qui trouvent bon qu'on les néglige sont innombrables. Ce n'est pas que j'aime les familles politiques où l'on passe son temps à disserter ; mais je n'aime pas non plus celles où l'on s'abstient égoïstement de prendre part aux luttes qui préoccupent nos contemporains. La gravité de ces luttes est immense, et l'abandon des bonnes causes est immoral. Oui, nous portons atteinte à la vie morale de nos enfants, quand nous leur enseignons par notre exemple, par nos paroles ou par notre lâche condescendance, à négliger des obligations si pressantes. Les désertions sont toujours aisées à justifier : On se passera bien de nous ! nous laissons le champ libre aux hommes politiques ! notre intérieur nous suffit ! — Le fait est que nous nous préférons à tout, que nous mettons notre repos et nos convenances avant les grands intérêts de l'humanité.

Formés à une telle école, nos fils s'accoutument bientôt à ne plus agir. Agir, c'est se gêner, et pourquoi se gênerait-on ? De là ces générations sceptiques et impuissantes, qui ne soutiennent, ni ne contiennent, ni ne résistent. Pauvres enfants, ils auront pourtant besoin de vigueur et de résolution! Je frémis en pensant aux luttes qui les attendent, aux problèmes qui se poseront pour eux. Nous avons autre chose à faire aujourd'hui qu'à nous apitoyer sur leur sort ; nous avons à les élever.

En vain maudirions-nous les questions qui se préparent, cela ne les empêchera pas de surgir à leur heure ; nos colères ne leur font rien du tout. Au lieu de nous irriter contre elles, tâchons de les aborder et de les résoudre. Nos fils ont le droit de trouver chez nous un apprentissage sérieux de la vie ; si nous comprenons nos devoirs, ils comprendront aussi les leurs ; ils sauront que les grandes causes ont des efforts et des sacrifices à leur demander ; ils entreront comme des hommes dans la carrière belle et malaisée qui s'ouvre devant eux, ils regarderont en face l'avenir ; l'avenir qu'on regarde en face perd bientôt la plus grande partie de ses mystères, de ses menaces et de ses périls.

L'éducation, on le voit, est bien moins un ensemble de leçons et de procédés, que le centre d'idées, de sentiments et de devoirs où nous plaçons nos enfants ; c'est l'atmosphère où nous les faisons vivre. Je goûte peu les traités d'éducation, parce qu'ils passent à côté du fait essentiel. Il ne s'agit pas de méthodes, mais de vie.

La vie est-elle chez nous ? Y respire-t-on un air vivifiant ? Y voit-on aimer les choses nobles et belles ? Y voit-on flétrir les lâchetés ? Les causes généreuses y trouvent-elles un réel appui ? Les coupables railleries de l'égoïsme y meurent-elles étouffées ? Alors la grande éducation est là.

Un des mérites de la grande éducation, c'est qu'elle peut se passer des minuties. Suivant toujours les voies simples et droites, elle ne prend jamais des allures d'inquisiteur, elle n'encourage aucune délation, elle n'a point de police secrète.

Il est des parents, très-tendres et très-consciencieux d'ailleurs, qui peuvent, à force de surveillance, d'interrogatoires, de réglementations détaillées, faire peser une lourde oppression sur leurs enfants. L'oppression, quelle qu'elle soit, n'élève pas les âmes ; elle les écrase ou les avilit. Les vraies familles, celles où l'autorité est debout, ont horreur de la tyrannie.

Elles savent quelle part de liberté est nécessaire aux jeunes gens; elles acceptent la liberté avec ses périls. Ne faut-il pas que les caractères se forment, que les responsabilités apparaissent? Nos fils, élevés aux lisières, deviendraient-ils capables d'accomplir leur œuvre ici-bas? La liberté qui naîtra ainsi, au fur et à mesure de l'âge et du développement moral, sans système préçoncu mais en vertu d'un sentiment paternel qui ne trompe guère, ne ressemblera ni à l'indépendance presque absolue dont jouissent par malheur beaucoup d'enfants en Amérique, ni à cette autre indépendance plus funeste que crée si souvent notre faiblesse. L'éducation virile laissera flotter les rênes; elle n'aura garde de transformer la maison en cachot; elle en ouvrira les portes toutes larges à la lumière et au grand air; elle sera confiante, elle ne sera pas molle; elle se fera oublier quelquefois, elle n'abdiquera jamais.

Un dernier trait : la force ne va pas sans la douceur; elles s'accordent et s'associent si bien! Dans ces familles où l'éducation accomplit sa tâche, où l'on obéit, où l'on respecte, où l'autorité des parents et la liberté des enfants se donnent la main, où se trempent des âmes d'élite, où se préparent des citoyens, il y aura aussi un apprentissage de bonté.

L'enfance en a besoin; elle est égoïste, préoccupée d'elle-même, volontiers indifférente aux souffrances d'autrui et quelquefois cruelle. Mais voyez à quelle admirable école elle est placée ici! Elle assiste chaque jour à cet exercice de la charité pratique qui tient une si large place au sein des vraies familles. Voici des pauvres à secourir, des malades à visiter; le père et la mère s'émeuvent; les ressources, peut-être restreintes, du ménage sont mises à contribution; en dépit des occupations, on trouve du temps; on se souvient des malheureux dans les conversations du foyer, dans la prière commune du soir.

S'il y a des domestiques, des fermiers, des clients, on est bon pour eux; une parole sèche et dure ferait dissonance, personne ne la prononcera; personne ne sera hautain envers un inférieur; la sainte égalité chrétienne n'est mise en doute par personne.

Les actes de cruauté envers les faibles, envers les prisonniers, envers les esclaves, envers tous les êtres qui ne peuvent ni résister ni se plaindre, blessent la conscience de cette famille. Elle se soulève à la rencontre de pareilles lâchetés.

Et les cruautés envers les bêtes, comme elle en est révoltée ! La bête est sans défense, et quiconque la torture est un misérable. L'assassin risque du moins sa vie, le tortureur de bêtes ne risque rien ; je n'hésite pas à le mettre au-dessous. Il est des hommes qui ont commis de grands crimes et chez qui l'étincelle de la vie morale n'est certes point éteinte ; mais celui qui jouit des souffrances d'un pauvre animal, qui les prolonge, qui ne se laisse toucher ni par ses gémissements ni par ses regards si doux, celui-là, je le crains, n'a plus de cœur.

Quand le cœur est mort, tout est mort. Ayez de l'esprit, ayez de l'habileté, de l'influence, des succès, vous n'êtes rien si vous n'avez de la bonté. Elles ne sont que trop nombreuses aujourd'hui ces natures sèches, tranchantes, qui ne connaissent plus les chaudes sympathies, qui ne les ont jamais connues peut-être, et qui, cuirassées d'indifférence, s'en vont affronter la vie, font leur chemin, leur trouée, dirai-je, à travers amis et ennemis.

Les hommes dont je parle ne sont pas méchants! C'est possible. Il suffit qu'ils ne soient pas bons. Et l'on se détourne, et nul ne les aime, et ils se dessèchent toujours plus.

Hélas, les malheureux n'ont sans doute eu ni père ni mère. Leur enfance n'a été ni réchauffée ni surveillée; le vent glacé du monde soufflait au travers des ais mal joints de la maison où ils sont nés; de molles affections, des leçons banales, voilà ce qui pour eux a tenu lieu d'éducation; ils n'ont jamais appris à se vaincre, à sentir et à aimer.

Ce qui précède ne s'applique pas d'une manière directe à l'éducation des jeunes filles. En parlant des écoles, des colléges, des carrières, c'est aux fils que j'ai pensé. Je ne voudrais pourtant pas omettre un des côtés les plus importants de la question qui nous occupe. On a beau ne point écrire un traité, on n'a pas le droit de laisser subsister des lacunes aussi énormes.

Nos familles seront ce que seront nos femmes, notre société sera ce que seront nos familles ; il suffit de se rappeler cela, pour comprendre quelle est la portée de ces mots : éducation des jeunes filles. Élever celles qui élèveront, c'est en quelque sorte tenir dans ses mains l'avenir.

Depuis que j'étudie le sujet de la famille, le rôle de la femme ne cesse de grandir à mes yeux. Personne ici-bas ne remplit une mission plus modeste et plus sublime. C'est donc ici, à vrai dire, la portion la plus importante des devoirs que les parents ont à remplir.

De quelle façon les remplissent-ils bien souvent? La naissance d'une fille a été un désappointement et un chagrin. Comme elle ne continuera pas le nom, comme elle emportera une partie de la fortune, elle représente presque un désastre, ou du moins une diminution de prospérité; elle est une des difficultés de notre vie, un des obstacles à notre ambition.

Je ne prétends pas qu'il en soit toujours ainsi. On ne s'avoue pas ces sentiments et on évite de s'y abandonner. La plupart des parents accueillent avec amour une fille, quoiqu'ils eussent préféré un garçon. Quelques-uns la reçoivent avec une joie complète et sans arrière-pensée d'aucun genre.

Ceux-là ont bien raison. Ce petit être sera un jour la joie du logis. Quel trésor qu'une jeune fille! Sa bonne grâce, le charme dont elle est douée, le développement aimable et rapide de son esprit, de son cœur et de sa personne, tout nous promet (à condition que nous saurons l'élever) une source inépuisable de douces jouissances. Si je mets à part l'affection unique des époux, je ne découvre nulle part un membre de la famille qui lui soit plus précieux. La jeunesse, cette fête perpétuelle du foyer, ne saurait prendre une forme plus fraîche et plus attrayante. Les fils, même les meilleurs, sont quelquefois un peu lourds, un peu brusques; ils manquent d'expansion; ils ont à traverser des années difficiles, ingrates, inquiétantes; d'ailleurs ils sont souvent dehors pour leurs études, comme ils seront dehors ensuite pour leur carrière. Nos filles, au contraire, nous appartiennent en plein et ne nous quittent pas; elles possèdent la souplesse naturelle qui manque à leurs frères; elles sauront ouvrir leur cœur, comprendre le nôtre, nous caresser, nous amuser, nous consoler.

Je ne prétends pas, assurément, qu'elles n'aient pas leurs tentations et leurs défauts. Sans parler même de celles dont le mauvais caractère nous donnera bien moins de plaisir que de chagrin et d'ennui, toutes auront besoin d'être reprises et corrigées. L'éducation aura ses jours néfastes, jours de brouillard, où le soleil cessera de briller. Les fronts s'assombriront plus d'une fois; plus d'une fois, assis autour de la table de famille, on aura peine à échanger quelques mots, un malaise pèsera sur les jeunes et sur les vieux. Que voulez-vous? les douleurs de l'enfantement spirituel ont passé par là. Quoi qu'on fasse, on ne les supprime jamais, et quiconque a pris sa tâche au sérieux doit s'attendre à avoir le cœur serré et la bouche amère. Mais que de compensations aussi! Cette âme qui s'ouvre, qui se fait sérieuse, qui commence à se surveiller elle-même, qui se rapproche de son Dieu, qui se donne avec effusion à ses parents, cette âme qui lutte et qui, meurtrie, va chercher la guérison dans des bras aimés, n'est-ce pas qu'on se plaît à la suivre, à la guider, que si l'on souffre par elle, on est bien heureux par elle aussi ?

Il fait bon assister à l'éveil d'une âme où tout est innocence, pureté, tendresse, où l'imagination et la poésie se montrent déjà, où l'attrait des choses élevées se fait sentir. Les jeunes filles s'éveillent de très-bonne heure : c'est dire qu'on doit se mettre très-vite à les élever. Je n'oserais pas indiquer un âge avant lequel elles pourraient se passer de leur mère. On sent qu'ici l'éducation domestique, si nécessaire à nos fils, est bien plus nécessaire encore. Je ne passe pas devant un pensionnat de demoiselles sans protester au dedans de moi. Qu'elles suivent une école, à la bonne heure, il faut bien que leur esprit s'éclaire et toutes les leçons ne sauraient toujours leur être données à la maison ; mais qu'on se sépare d'elles, qu'on les mette à Saint-Cyr, au couvent, dans un institut, que sais-je? il y a là quelque chose qui crie vengeance.

Je sais qu'il existe des cas exceptionnels et que la vie de pension est une ressource pour ces cas-là ;

tâchons toutefois que l'exception ne devienne pas la règle. Les cas dont je parle sont très-rares, et nous avons l'air de l'oublier. Hélas, c'est encore la tentation du commode qui nous sollicite. Nous nous sommes débarrassés de notre fils, pourquoi ne pas nous débarrasser de notre fille? Ne sera-t-elle pas mieux instruite, mieux surveillée là-bas, au milieu de maîtresses et de maîtres plus savants que nous? D'ailleurs les exigences de notre situation ne nous imposent-elles pas ce *sacrifice?* Pouvons-nous nous lever d'assez bonne heure? Pouvons-nous mettre assez de régularité dans nos habitudes? Pour diriger et instruire, ne faudrait-il pas se gêner beaucoup? On se gêne donc très-peu, et l'éducation de la fille se borne, comme celle du fils, au payement de leurs trimestres.

On ne saurait être père et mère à meilleur marché. Quand la jeune fille sera prête à sortir de pension, elle sera également prête à se marier. Autre façon de s'en défaire. De même que nous avons payé des trimestres, nous payons une dot. Et tout est dit, et nos devoirs sont remplis; notre fille n'est-elle pas établie? Oui. Seulement elle n'a pas été élevée.

Les jeunes filles sont des plantes délicates, qui réclament des soins assidus et une chaude atmosphère. Une jeune fille est faite pour la vie intime, pour le foyer, pour le ménage ; et nous la jetons loin de nous, en proie à l'éducation indifférente des maîtres, au contact des premières venues ! On sait ce que sont les conversations de pensionnaires. On sait de quoi on se préoccupe, ce qu'on cherche à entrevoir ou à deviner derrière ces murailles. Et quand cela ne serait pas, se figure-t-on une fille sevrée sans nécessité absolue des baisers de sa mère ? La caserne, le phalanstère (les pensions sont toujours un peu cela), tiendront-ils la place du toit paternel ?

J'aime à voir une jeune enfant placée dans le milieu que Dieu lui a préparé. Qu'elle soit riche ou pauvre, qu'elle reçoive beaucoup ou peu de leçons, il n'importe ; son nid sera également doux, elle sera également à l'abri sous l'aile qui la protége. Si les parents comprennent leur mission, je suis tranquille. Peut-être suit-elle une école : avant son départ, elle a eu ses premières caresses, elle a fait sa première prière, le déjeuner a été placé dans son petit panier.

Elle va, suivie du regard et des recommandations de ceux qui l'aiment. A son retour, elle trouve encore des bras ouverts. Qui l'interrogera? Qui rectifiera ses idées? Qui arrêtera dès sa naissance le mal causé par certaines camarades? Qui choisira les amies? Qui fera réciter les leçons? Qui corrigera les cahiers? Ah, vous le savez. Ainsi la jeune fille vivra d'une saine vie, à l'ombre, préservée des contacts grossiers, aux prises avec les difficultés et avec les devoirs. Elle apprendra à ouvrir son cœur, à rendre service, à se déranger; elle s'initiera aux détails du ménage; elle s'agenouillera chaque soir avec son père et sa mère, ses frères et ses sœurs; des liens indestructibles se formeront, un doux bonheur se mettra à rayonner.

Vous pouvez laisser de côté tout ce qui a été écrit depuis Fénelon sur l'éducation des filles; pourvu que vous les gardiez à la maison, pourvu que là elles trouvent de l'amour, des soins et des prières, ne craignez rien, vous êtes sur la bonne voie. A vrai dire, le programme de l'éducation des filles est écrit d'avance dans l'histoire des femmes. Ces jeunes filles seront femmes un jour; à quoi seront-elles appelées alors? Quelles vertus leur seront nécessaires? Voilà la question qu'ont à se poser ceux qui ont la charge de les élever.

Et nous connaissons la réponse : en qualité de femmes, elles devront être le charme, la joie, l'âme d'une famille; elles auront à aimer, à supporter, à fortifier, à consoler; elles auront à prendre la plus grosse part des soucis et des labeurs de l'existence quotidienne; elles auront besoin d'énergie et souvent de courage ; qu'elles se marient ou non, leur rôle sera aussi grand et difficile que modeste et caché. On leur demandera de la grâce, de la bonté, de l'entrain; on sera plus exigeant envers elles qu'envers les hommes, on ne leur passera ni la mauvaise humeur ni les caprices; on ne leur passera rien. Mais aussi de quel respect attendri on les entourera, ces épouses, ces mères, qui auront accepté en plein leur carrière de dévouement! Elles seront honorées et chéries, et ne le fussent-elles pas, car il est des cœurs de fer que rien ne touche, elles n'en auront pas moins rempli la plus belle tâche qu'une créature humaine puisse remplir ici-bas.

Voilà ce qu'elles auront à faire; nous savons maintenant ce que nous avons à leur enseigner.

Avant tout, enseignons-leur la conscience; je veux dire, enseignons-leur à écouter la conscience. Donnons-leur un maître, un maître exigeant et qui ne les quittera plus. Connaissez-vous des enfants consciencieux ? Ils écoutent la voix du dedans, le témoin incorruptible de Dieu, qui parle en nous et contre nous ; ils ont, tout jeunes encore, des luttes intérieures, de vrais remords, de touchants repentirs; ils n'obéissent pas seulement quand on les voit, car leur premier surveillant c'est eux ; leur grande crainte n'est pas celle du châtiment ; le mal en soi, indépendamment de ses conséquences, les préoccupe et les effraye. Aussi voit-on apparaître dans ces cœurs-là des miracles de droiture, une sincérité d'or, une candeur d'enfant devant laquelle on s'inclinerait volontiers. Ils ne sont point impeccables; loin de là, il peut arriver que leurs fautes soient graves et nombreuses, car les âmes profondes sont souvent les plus agitées; mais on sent, à l'heure même de leur chute, que le relèvement aura lieu. Quelle distance entre eux et te autre enfant de conduite régulière et de caractère égal, qui connaît peu les tentations et qui ne connaît pas du tout sa conscience ! Chez celui-ci le grand ressort de la vie morale fait défaut ; il pourra être d'un commerce aimable et éviter les graves écarts, il ne courbera jamais la tête devant un devoir.

Quand la conscience de notre enfant est éveillée, elle a un gardien. C'est le cas alors de la garder nous-mêmes de moins près et de mettre une part de liberté dans sa vie. Or ceci n'est pas un mince avantage. Dès qu'il nous est permis d'en appeler à la réflexion, à l'effort personnel, à la détermination propre, nous marchons vers le but de l'éducation chrétienne. Elle ne se propose pas, en effet, de fabriquer des poupées se ressemblant toutes et faisant les mêmes gestes lorsqu'on presse les mêmes ressorts ; elle aspire à former des caractères.

Ceci est vrai des filles comme des garçons ; les femmes ne se passent pas plus aisément que les hommes de conviction, de résolution, de force, en un mot. Sans la vraie force elles n'auront jamais la vraie douceur, elles seront aussi incapables d'être le soutien que d'être le charme d'une famille. Mais l'énergie aura chez elles quelque chose de féminin, il le faut.

Et c'est un point encore où excelle l'éducation du logis. Seule, elle sait douer les jeunes filles de cette distinction suprême, de cet instinct des choses délicates, de ces antennes qu'un homme ne possédera jamais et que la femme élevée loin de sa mère possède rarement. Un pensionnat peut donner de bons principes, de bonnes manières; il arrive même que lorsque ce n'est pas une institution murée, lorsqu'on n'y reste pas trop longtemps, lorsque les relations d'une jeune fille avec les siens sont libéralement maintenues, lorsqu'elle se retrempe largement ensuite dans l'existence du foyer, elle retrouve tout ce qu'elle avait failli perdre. Elle aussi, elle sera gouvernée par le maître intérieur; loyale, forte, aimable, elle sera femme, dans le sens le plus complet et le plus exquis de ce mot.

Rien n'est simple comme une femme bien élevée; la grâce est féminine, l'affectation ne l'est pas. Aux yeux de cette candeur parfaite, de cette simplicité absolue qui pratique l'oubli de soi sans y penser, les questions qui se rapportent à la figure ou à la toilette sont loin d'être aussi compliquées qu'on se l'imagine en général.

La beauté est belle, tout simplement. S'irriter contre la beauté, je tiens à le redire, anathématiser la beauté, c'est s'en prendre à un don de Dieu. Pourquoi la beauté, que nous admirons dans les œuvres de Dieu, nous deviendrait-elle tout d'un coup indifférente ou odieuse lorsqu'il la met sur son gracieux visage ? Pourquoi forcer et fausser les choses ? Pourquoi appeler le bien mal ? L'Écriture nous tient un langage très-différent : elle parle de la beauté des femmes, et ce n'est pas pour la maudire. Ceux qui la maudissent seraient surpris si je leur présentais ici les nombreux passages où elle est louée dans l'Ancien et dans le Nouveau Testament.

Ne nous laissons donc pas aller à cette fausse spiritualité qui renverse l'Évangile sous prétexte de le perfectionner. La beauté n'est pas plus un mal que la santé, que la force, que l'esprit, que le talent ou que la richesse. Faire un bon usage des dons de Dieu, résister aux tentations que nos priviléges font souvent naître, voilà notre métier de chrétiens ; ceci est tout autre chose que de souhaiter la maladie ou la laideur, que de transformer l'ignorance en sainteté et la pauvreté en vertu. Les apôtres ne nous ont point donné de tels exemples.

On peut être belle avec simplicité de cœur, sans feindre de l'ignorer ou de s'en affliger, ou d'y être entièrement indifférente ; être belle ainsi, c'est l'être deux fois. Quant aux jeunes filles et aux femmes dont l'état dans ce monde est d'être belles, de se faire regarder, de poser, de chercher l'effet, elles se dépouillent de leur vrai charme, elles descendent à un rôle dont la bêtise égale le danger. Leur âme y perd son élévation, sa retenue, sa distinction suprême ; le saint rempart de respect qui les environnait est tombé. Leur coquetterie (je ne suppose rien de plus) est un grand abaissement.

La coquetterie n'entre pas dans les familles chrétiennes. Là tout est trop sincère, pour que les affectations, les prétentions puissent y vivre longtemps.

Sous l'œil de sa mère, sous le regard de son Dieu, la jeune fille ne saurait adopter un rôle dépourvu de dignité. Les tendresses sérieuses qui font appel à son cœur ne laissent pas de place aux sentiments factices. Sa beauté est illuminée de candeur.

Est-elle laide? Elle l'est aussi avec simplicité. Elle sait que d'autres sont plus belles; elle les admire, elle ne dit pas, elle ne pense pas que ce soit chose indifférente. Ces éloges naïfs de la beauté ont dans sa bouche une bonne grâce touchante. Elle n'a ni illusions ni découragements. Ceux qui l'aiment telle qu'elle est lui ont appris à vivre dans la vérité; or la vérité seule fait du bien. Et voilà une jeune fille qui paraît, qui devient charmante; la splendeur du dedans se trahit. Vous connaissez ces globes d'albâtre au travers desquels rayonne une lumière; qui s'inquiète des détails extérieurs du globe? On ne voit que la douce clarté.

Au sein des familles chrétiennes, les questions de toilette ne sont pas plus difficiles que les questions de beauté. Se mal mettre n'est pas une vertu; j'ai presque envie de dire que c'est un vice. En tous cas, il y a là un oubli de ce que nous nous devons à nous-mêmes. Il est un soin de notre personne, une recherche de la saine élégance, qui s'accordent à merveille avec l'instinct du beau que Dieu a mis dans notre cœur.

Les jeunes filles bien élevées s'occupent de leur toilette avec simplicité (laissez-moi répéter encore ce mot, que rien ne remplacerait); elles s'en occupent, et ne s'en préoccupent pas. Ce devoir, car c'en est un, est relégué à son rang légitime. Qu'elles soient pauvres ou riches il n'importe, la véritable élégance tire parti de tout et elle s'inquiète peu de la splendeur plus ou moins grande des ajustements. Elle est élégante, l'ouvrière qui, vêtue d'étoffes communes, sait y mettre son goût, son adresse, son exquise propreté ; elle n'est pas élégante, la dame à la mode qui marche surchargée de broderies et de bijoux, dont les robes coûtent de grosses sommes et ne durent que quelques jours, mais qui manque de distinction. « Ne pouvant la faire belle, je l'ai faite riche », ce mot d'un artiste de l'antiquité au sujet d'une de ses œuvres, je serais tenté de l'appliquer à certaines femmes : ne pouvant être élégantes, elles dépensent beaucoup pour leur parure.

L'élégance est chose relevée, qui tient à l'âme et au sentiment de l'idéal. Une mère est chargée d'enseigner cela à sa fille. Par son propre exemple, par son comme il faut, par le soin irréprochable de sa mise, par son absence de recherche et d'ostentation, par son oubli d'elle-même, elle l'instruit mieux encore que par ses paroles. Elle met de la largeur dans ce qui concerne la toilette de sa fille, afin qu'elle soit en mesure de s'habiller selon sa condition et qu'elle y pense le moins possible. Si elle vient parfois à y penser trop, et cela arrivera, la mère l'avertit tendrement. Et ce qui ne l'avertit pas moins, c'est le milieu où elle vit. Là on approuve ce qui lui sied et on n'affecte pas de n'en rien dire ; pourtant on ne s'arrête pas longtemps à ce grave sujet. Si les misérables propos du monde venaient à absorber ses pensées, si elle était entraînée un moment à analyser et à comparer des toilettes, si les futilités sottes et malsaines lui montaient au cerveau, elle se sentirait reprise en rencontrant au logis un ensemble de choses sérieuses et bonnes : des tendresses, des devoirs, des travaux. La famille, quand elle est ce qu'elle doit être, combat victorieusement les tentations de la parure comme celles de la beauté.

Elle résout aussi sans trop de peine le problème de l'instruction. Pourquoi semble-t-il compliqué ? Parce que l'esprit de système y a mis la main. Les mères sont peu systématiques de leur nature ; elles cultivent de leur mieux l'intelligence de leurs filles, elles emploient les ressources qui sont à leur portée, elles ne se demandent pas si l'ignorance ne serait pas un bien, par hasard.

Et elles ont certes raison. Il serait étrange de tout interdire à celles qui devront se mêler à tout. Est-il si difficile de rester humble lorsqu'on sait quelque chose ? Quant à moi, c'est presque toujours chez les personnes qui ne savaient rien que j'ai rencontré l'orgueil, l'assurance, l'entêtement invincible.

Les intelligences éclairées vont à merveille avec les cœurs modestes. Tout sera perdu, selon vous, si l'instruction d'une jeune fille ne se borne pas aux leçons de musique, de dessin, de maintien et de religion! Cela fait, qu'on les marie au plus vite! Hélas, ce mince programme, accru de quelques éléments indispensables de grammaire, de calcul, d'histoire et de géographie, n'est guère dépassé que par des parents très-audacieux.

Il me semble qu'on pourrait se faire sans péril une idée moins frivole de la destinée des femmes et de leurs besoins intellectuels. Des femmes fort éclairées et même savantes ont été au nombre des plus aimables, des plus gracieuses, des plus féminines en un mot. Le seizième siècle et même le dix-septième sont là pour en témoigner.

Je ne demande pas qu'on apprenne le grec et le latin aux jeunes filles; je demande qu'on les accoutume à l'étude, à la réflexion, à l'effort intellectuel; qu'au lieu de ces lectures sans suite et sans but qui viennent remplir les intervalles laissés par le piano, on aborde avec elles les bons auteurs, qu'on les dirige, qu'on leur fasse rendre compte. Rien ne nous déshabitue du travail réel comme le désœuvrement occupé. Les jeunes filles ne se croient point oisives lorsqu'elles parcourent à tort et à travers les volumes que l'indifférence des parents laisse parvenir entre leurs mains.

Les vraies mères ne permettront pas un tel gaspillage des trésors réservés à l'éducation. Chaque âge a son livre, qui est en quelque sorte écrit pour lui, qui peut être, qui doit être pour lui un événement. Arrivant à son heure, il sera le bienvenu, il produira des impressions ineffaçables. De quel droit priverions-nous nos enfants des ces joies immenses, de ces découvertes, de ces progrès? Pourquoi nous priverions-nous nous-mêmes du bonheur de nous associer en partie à ces jouissances de leur cœur et de leur raison? Cette fête de l'esprit sera souvent troublée, sans doute; la lecture sérieuse a ses difficultés devant lesquelles votre fille s'arrêtera quelquefois lassée ou rebutée; ce que vous sentez vivement, elle le sentira quelquefois très-peu. Eh bien, c'est l'éducation, cela; c'est ainsi qu'on développe les besoins sérieux, les aptitudes, les capacités, l'activité; c'est ainsi qu'on prépare les vies utiles.

Je désire être bien compris. Je ne viens pas opposer programme à programme, je proteste contre le programme frivole. Vous mettrez là plus ou moins de langues, de mathématiques, de littérature, je ne m'en informe en aucune façon ; je vous supplie seulement de ne pas y mettre une culture tout extérieure, de petits talents, ce qu'il faut pour paraître et pour briller, avec un affreux pêle-mêle de demi-connaissances acquises au hasard et de lectures faites à bâtons rompus.

Les jeunes filles ont une âme ; il semble, en vérité, que dans nos entraînements de mondanité futile nous ne nous en souvenions pas toujours. Il leur faut autre chose que des leçons d'agrément et quelques notions élémentaires enseignées à la hâte ; il leur faut l'étude, l'étude sérieuse, l'éducation de l'intelligence. Quelle que soit l'étendue de l'instruction qu'on leur donne (et elle variera naturellement en raison des situations, des ressources, des aptitudes), il leur faut une mère qui mette de l'ordre dans leurs travaux, qui lise parfois avec elles, qui exige la réflexion et l'effort, qui dirige leur pensée vers les grands buts de la vie, vers le devoir, vers le perfectionnement moral, vers le service de Dieu.

Sous l'œil d'une telle mère, la jeune fille apprendra peu ou beaucoup, je l'ignore; en tous cas, elle apprendra bien. Elle échappera aux misères de cette instruction qui n'a que l'apparence et qu'on a inventée tout exprès pour les femmes. Les méthodes superficielles ne sont bonnes pour personne, pas plus pour les femmes que pour nous ; celles qui en ont subi l'influence deviennent trop souvent incapables d'application. Une fois les derniers maîtres renvoyés, elles se hâtent de fermer leur éternel piano et elles se précipitent dans le vide absolu. Donner quelques ordres, faire et recevoir des visites, s'occuper de leur toilette, parcourir avec distraction l'ouvrage à la mode, assurer à leurs enfants une éducation semblable à celle qu'elles ont reçue, voilà le régime auquel elles se condamnent, je me trompe, auquel elles aspirent. Sous cette pompe pneumatique où l'air manque, elles parviennent à vivre tant bien que mal. Et cela va ainsi de génération en génération.

Sachons respecter assez les femmes pour ne pas les traiter de la sorte. Elles seraient peu reconnaissantes envers ceux qui recommandent les programmes en usage, si elles savaient leurs motifs. La plupart ne font pas aux femmes l'honneur de les prendre au sérieux. Qu'elles s'amusent, voilà toute leur destinée!

S'amuser! Et y a-t-il rien qui égale l'ennui du vide? Quand on ne s'intéresse fortement à quoi que ce soit, quand on s'accommode d'une existence inutile, quand on tue le temps, il est impossible qu'on s'amuse beaucoup. Les vies mondaines sont bien lourdes à porter; il y manque ce qui donne du prix aux journées, ce qui fait qu'on attend avec joie le lendemain : la marche en avant, l'esprit et le cœur occupés, le devoir accompli, les pauvres secourus, les nobles causes connues et aimées, l'idéal poursuivi dans tous les sens, le travail, en un mot, le saint travail, dont nul ne se passe impunément sur la terre.

« Qu'elles plaisent, » disait Rousseau. La formule est brève et n'annonce pas une haute estime. En les déclarant impropres à tout autre rôle, le philosophe si aimé des femmes au siècle dernier les dispensait naturellement des fatigues de l'étude. Reste à savoir s'il ne les privait point par là même d'une grande partie de ce qui fait qu'elles plaisent. Laquelle a le plus de charme, ou la femme qui mène la vie nonchalante du monde, qui ne sait parler que son langage, qui ne sort pas du cercle étroit de ses préoccupations, qui n'a dans sa tête que du vent et sur ses lèvres que des redites de salon et de gracieuses médisances, ou la femme qui sait quelque chose, qui s'intéresse à quelque chose, qui a des idées, qui comprend ses devoirs, qui se mépriserait elle-même si elle donnait son cœur aux vanités et si sa vie demeurait inutile? Je ne vois pas que Marie Stuart, Marguerite de Valois, Mme de Sévigné aient eu plus de peine à plaire parce que leur esprit était cultivé.

Jusqu'à quand nous obstinerons-nous à chercher dans des mutilations la solution de toutes les difficultés de la vie? — Dieu nous demande de l'aimer; n'aimons plus personne! Nous voulons être chrétiens; ne soyons plus citoyens! De graves vocations nous appellent; retranchons le mariage et la famille! Une seule chose est nécessaire; supprimons le reste! Un seul livre est inspiré, brûlons les livres d'hommes! Il y a de l'Omar chez tous ceux qui raisonnent ainsi ; pour diminuer les tentations, on diminue la vie.

C'est commode, mais c'est insensé. Nous avons vu ce que l'Évangile pense d'un pareil système, lui qui ne rapetisse rien et qui sanctifie tout. Il ne va pas demander à l'ignorance le principe de la modestie et de la soumission des femmes ; il s'adresse à leur conscience, il fait vibrer les cordes les plus élevées de leur cœur. Grâce à lui, elles pensent, elles savent, elles avancent dans la lumière, elles se préparent sérieusement aux luttes sérieuses de leur vocation, elles échappent au néant intellectuel du gynécée antique ou de la frivolité moderne, et en même temps elles recherchent l'ombre, elles aiment l'humble existence du foyer.

Pourquoi n'en est-il pas plus souvent ainsi? Parce que dans la plupart des familles on ne considère pas un instant ce qu'est la mission si grande que la jeune fille aura à remplir un jour. La façon dont on y envisage son futur mariage n'explique que trop bien l'éducation qui lui est donnée ; les moyens se proportionnent au but à atteindre.

Le mariage sera le terme naturel et presque nécessaire de l'éducation. Or, comme on n'est pas fâché d'arriver à la fin de sa tâche, on se hâte d'ordinaire. Nos filles n'ayant pas à entrer dans une carrière et à terminer des études professionnelles, on n'est pas arrêté par les obstacles qui retardent l'établissement de leurs frères. Aussi leur éducation, si imparfaite déjà, est-elle écourtée; nous en retranchons simplement les trois ou quatre années les plus utiles, les seules où l'intelligence eût été en jeu, les seules où elles eussent réfléchi, goûté, où elles eussent appris quelque chose. A part les exceptions, et il y en a, c'est entre dix-huit et vingt-deux ans qu'une jeune fille devient autre chose qu'une écolière passive et ennuyée. Elle a dépassé les éléments, elle aborde les portions attachantes de ses études; elle jouit, elle s'assimile; elle ne se borne plus à recevoir des leçons, elle pense; ce qu'on lui enseigne alors, elle y prendra goût, elle continuera à s'en occuper. Ne nous étonnons pas si d'ordinaire elle abandonne tout en se mariant, si elle ferme ses cahiers, si elle ensevelit ses esquisses dans une armoire, si ses livres d'étude conservent à ses yeux le caractère de livres insupportables qu'on ne doit plus ouvrir désormais; on l'a arrêtée juste au moment où l'intérêt allait commencer; ni l'histoire, ni la littérature, ni l'art ne lui avaient encore rien dit qui fût capable de l'émouvoir.

Et remarquez que ceci exerce une influence rétroactive. Nous ne commençons jamais bien ce que nous savons ne pas pouvoir bien finir. L'éducation des jeunes filles devant rester incomplète, à quoi bon s'en occuper avec tant de soin? Pourvu qu'elles sachent ce qu'il est d'usage de savoir, à quoi bon se donner la peine d'approfondir? Un léger vernis rapidement étendu ne suffira-t-il pas? Pour ce qu'elles feront un jour, à quoi leur servirait une instruction plus solide? Tels sont les raisonnements qui se font tout seuls en nous, sans que nous nous en rendions compte; nos prévisions sont à la base de nos négligences. L'éducation des jeunes filles changerait de nature, le jour où l'échéance probable de leur mariage se fixerait pour notre esprit à vingt-deux ans, au lieu de se fixer à dix-huit ou à dix-neuf.

Mais laissons l'échéance, et voyons le mariage lui-même. Comment se présente-t-il le plus souvent à l'imagination de nos filles? Elles s'en font, par notre faute, une idée tellement fausse, que l'éducation entière en est viciée.

Leur mariage sera avant tout une émancipation : plus de dépendance, elles seront dames, elles seront maîtresses d'elles-mêmes.

Il leur apparaît aussi comme la fin des leçons ; les maîtres seront congédiés et l'on aura son temps à soi. Elles sont très-peu nombreuses, en effet, celles qui, mariées, continuent à s'instruire, à s'élever, travaillant sur elles-mêmes, se sachant inachevées.

Le mariage, c'est une maison à tenir, c'est une position; parfois c'est moins que cela, une corbeille, un voyage en Italie.

Et l'on se hâte vers cet idéal sans élévation. Que peut être l'éducation, je le demande, dans les familles où règnent de telles idées? Il s'agit, au fond, de gagner du temps, de traverser tant bien que mal quelques années d'adolescence, d'arriver au bout d'une tâche ennuyeuse. Les parents le pensent et ne se l'avouent pas, les enfants ne le pensent pas et le sentent, chacun devine d'instinct que, pour le mariage tel que le monde l'a fait, une honnête médiocrité suffira toujours. Une fois mariées, toutes les jeunes femmes se valent. Que leur faudra-t-il désormais? Un bon caractère, et qui ne se croit bon? de l'esprit naturel, et qui n'a pas de l'esprit?

Il est des maisons, grâce à Dieu, où les choses se passent différemment. En y élevant une jeune fille, on y songe d'abord à son âme, son âme précieuse et immortelle. On songe aussi à sa mission terrestre, à son mariage probable; mais, loin d'éveiller des idées d'émancipation, d'oisiveté, de vie indolente et facile, le futur mariage rappelle aux parents et bientôt à la jeune fille elle-même qu'elle aura un jour à remplir de très-grands devoirs. La carrière qui s'ouvrira devant ses pas sera bien belle, et bien grave aussi; elle pourra lui donner un bonheur immense, elle lui imposera de lourdes responsabilités; en tous cas, son bonheur sera d'une nature élevée et réclamera d'énergiques efforts.

On se prépare sérieusement aux choses sérieuses. De là ces éducations fortes et tendres où l'amour maternel accomplit ses miracles. De là ces caractères forgés pour la vie, cette empreinte ineffaçable du devoir, ces luttes contre l'égoïsme, ces complaisances aimables, cet oubli de soi, ce soin des autres. De là ces habitudes de travail, ces études commencées avec conscience et continuées avec joie, ces livres médités avec fruit, ces entretiens, ces confidences dont le foyer garde le secret, ces lectures attentives de la Bible, ces repentances et ces prières. De telles éducations sont des luttes; elles ont des labeurs pour tous, pour les parents et pour les enfants; mais elles ont des joies pour tous: le progrès moral s'opère, l'affection grandit, les saintes intimités de famille se fondent, il se forme des liens que la mort ne brisera pas, il se prépare des forces que n'épuiseront pas les rudes combats de l'existence.

En attendant les combats, il y a du bonheur à la maison, du bonheur et de la gaieté; l'obéissance à Dieu donne la paix, on se sent sur la bonne voie, on voit le but, on y marche, et on n'y marche pas seul; le présent est beau, l'avenir est plein de promesses, la jeune fille y va les yeux bien ouverts, aimée, gardée et confiante.

On ne la tient pas cloîtrée dans la famille. Elle a des amies; elle rencontre aussi des jeunes gens. Si ses parents choisissent ses relations, ils ont soin de ne pas les restreindre. Nous avons d'ordinaire en France les principes les plus timorés en ce qui touche aux rapports des jeunes filles et des jeunes gens. A l'école déjà, tandis que l'Amérique et la Suisse, par exemple, y admettent sans danger aucun les enfants des deux sexes, nous tenons à les séparer, une école mixte est selon nous l'abomination de la désolation. Après l'école, c'est bien autre chose! Ce n'est pas nous qui autoriserions les jeunes gens à accompagner le soir nos filles jusqu'à la porte du logis, comme cela se passe dans plusieurs contrées allemandes, qui ne s'en trouvent pas plus mal.

J'avoue ma préférence pour le système des Anglais, des Américains et des Allemands. Le grand air et le soleil vont bien à l'éducation de la famille. La vraie pureté est celle du cœur; rien n'est modeste comme une jeune fille qui vit à l'air libre et sait tendre la main aux amis de son frère. Si elle rencontre beaucoup de jeunes gens, aucun d'eux ne fera événement pour elle; le moment venu, elle sera capable de choisir.

Nos jeunes filles ne choisissent pas; elles acceptent en aveugles le choix que nous avons fait à leur place. Au lieu de borner notre rôle aux conseils, à l'influence, et quand il le faut au *veto*, nous les marions, le mot n'est pas trop fort. Comment n'en serait-il pas ainsi? A part les hommes qu'elles ont aperçus en passant dans un salon, elles n'en connaissent aucun, elles n'ont entretenu avec aucun les simples et innocentes relations de la camaraderie, du jeu, des promenades à la campagne; celui que nous leur présentons est en quelque sorte le seul qu'elles aient vu de près. Notre éducation mondaine aboutit donc à des mariages arrangés, qui viennent, à l'époque voulue, clore la période des leçons et proclamer une émancipation précoce en vertu d'un dernier acte d'autorité.

Ces mariages-là sont le digne couronnement de notre système général d'éducation. Mariage et éducation, cela se tient de près dans la destinée des jeunes filles; aussi se marient-elles d'une façon bien différente au sein des familles qui ont pris la peine de les élever. Les éducations fortes sont, nous l'avons vu, les éducations libérales; quand on a formé le cœur de sa fille, on peut se fier à elle; comme une amie, elle prend graduellement sa place dans les délibérations du foyer. Et sur le sujet qui l'intéresse le plus elle ne serait pas consultée! Il ne saurait en être ainsi. On cause avec elle de ce sujet comme des autres, simplement, sans fausse pruderie; elle s'en entretient avec sa mère, à cœur ouvert; tendrement avertie, mise en mesure de comparer et de choisir, sachant ce qu'elle fait, assurée de l'assentiment de ceux qui veillent sur elle, elle accomplit, en y mettant toute sa raison et tout son cœur, l'acte suprême qui fixe son avenir.

Voilà comment des parents chrétiens achèvent ce qu'ils ont commencé et placent en d'autres mains, en des mains sûres et aimées, le dépôt que Dieu leur avait remis. Si nous nous demandons quel est le trait saillant de cette éducation et de ce mariage, nous ne trouverons qu'un terme pour rendre notre pensée : sincérité. Ici tout est vrai ; le factice n'est pas seulement réprouvé, il est impossible. On se chérit du meilleur de l'âme, on se le dit, on se caresse, on est aimable pour sa fille, on sent parfois que c'est une chose ravissante de l'élever et que la douceur de la tâche l'emporte infiniment sur ses difficultés si réelles ; mais on repousse avec horreur les flatteries fades que nos poëtes ont mises à la mode. Notre fille ne sera pas l'ange du foyer, elle sera mieux que cela, notre enfant, très-imparfaite encore et très-précieuse.

Que la vérité fait de bien ! Vous connaissez ces éducations rusées, où tout est combiné pour agir sur les jeunes filles presque à leur insu, où on ne leur dit rien carrément, où l'habileté consiste à exploiter leurs défauts mêmes, leur vanité, par exemple, pour les pousser dans le bon chemin. Et vous connaissez aussi ces femmes rusées, qui savent «prendre» leur mari, qui n'abordent de front aucune des difficultés de la vie, qui excellent à tourner les obstacles, à tirer parti des circonstances, à cacher leur jeu, et qui, ne poursuivant du reste aucun but coupable, déploient une souplesse infinie dans le choix des moyens. Elles évitent les frottements, elles cèdent à propos, sauf à regagner plus tard le terrain perdu; car leur volonté, qui se cache toujours et n'en est pas moins souveraine, aime à s'exprimer par la bouche des autres, et le our où elles font enfin ce qu'elles désirent, il leur convient de soupirer en victimes résignées : mon mari le veut.

La sincérité dans l'éducation ne forme point de pareilles femmes. Si vous avez du goût pour les natures flexueuses, si les principes et les convictions vous font peur, adressez-vous ailleurs, je vous le conseille; mais si vous sentez la valeur des âmes loyales, qui résistent au besoin, qui sont trop fières pour mentir, qui sentent qu'il vaut mieux affliger qu'abaisser, et qui, fidèles à outrance, savent déplaire parfois à ceux qu'elles aiment, si le bonheur élevé est celui qui vous tente, cherchez alors de ce côté-là.

Nous connaissons maintenant dans leur ensemble les devoirs que les parents ont à remplir. Un mot, un grand mot, les résume : éducation. Nous avons vu ce qu'il suppose de tendresse, de dévouement, de vigilance journalière, de support, de fermeté.

Qu'il s'agisse des filles ou des garçons, des pauvres ou des riches, l'éducation a ce caractère constant qu'elle n'est ni une méthode ni un ensemble de procédés, qu'elle ne peut se formuler en théorie, qu'un manuel supportable de l'éducation ne s'écrira jamais[1]; elle est une influence, un air que nos enfants respirent, le souffle vivifiant du foyer.

Et voilà pourquoi l'éducation ne se délègue pas ; nous pouvons faire donner des leçons à nos enfants, nous ne pouvons pas les faire élever. Si la maison paternelle est mondaine, ils seront mal élevés ; si nous les exilons loin d'elle sans maintenir avec force l'action permanente de la famille[2], ils ne seront pas élevés du tout.

[1] Si je ne crois guère aux procédés et aux méthodes, si je pense qu'ici, comme partout, la vie produit sa forme, que le vrai traité d'éducation, en un mot, c'est la famille, cela ne m'empêche pas certes de respecter les auteurs de traités d'éducation. Plusieurs ont leur place marquée, et à juste titre, dans l'estime du genre humain.

[2] J'ai vu cette action se maintenir d'une façon admirable au sein

Si nous les élevons, quelles que soient d'ailleurs nos ressources d'enseignement au dehors, écoles, colléges ou maîtres particuliers, les moyens à employer pour réussir dans notre œuvre sont d'une simplicité telle, que les cœurs des pères et des mères ne sauraient manquer de les découvrir. Rappelons-les en peu de mots.

Le premier moyen, c'est d'aimer nos enfants ; le premier enseignement de la famille, c'est la tendresse. Il faut que leurs grands amis soient à la maison. Sans nous abaisser, sans prendre le rôle de camarades, sans pratiquer la mauvaise égalité, sans compromettre notre dignité et le respect qui nous est dû, nous nous lierons étroitement avec nos enfants. Vous la connaissez cette affection d'une nature spé-

de telle famille pauvre, que les circonstances forçaient de se séparer d'un enfant à l'âge où il avait encore grand besoin d'être dirigé. Ce fils, mis en service peut-être dans un pays éloigné, était suivi jusque-là par tant de recommandations touchantes, par tant de tendresses, de sollicitudes et de prières, on mettait si bien à profit la moindre occasion de lui écrire ou de le revoir, il sentait si bien qu'on lui gardait sa place au foyer et il était si heureux de consacrer à ses parents ses premières économies, que l'éducation, on peut le dire, se poursuivait et s'achevait à distance. Le père et la mère n'avaient rien délégué à personne ; ils avaient rempli leur tâche autant qu'il leur avait été donné de le faire. En pareil cas, Dieu bénit.

ciale, pleine de charme, de délicatesse et de profondeur, cette affection croissante et parfois intime, qui s'établit entre les parents et les enfants.

Elle ne naît que dans les vraies éducations, lorsque la famille n'a pas renoncé à son rôle. Elle est un des plus beaux dons que nous puissions faire à nos fils et à nos filles; elle est aussi une des joies les meilleures que nous puissions recevoir d'eux.

Nous n'oublierons pas, c'est un de nos devoirs, de rendre notre intérieur aimable. Il faut que nos enfants se trouvent bien à la maison; il le faut, car s'il en était autrement, si leurs meilleurs moments ne se passaient pas près de nous, s'ils n'aspiraient pas à la réunion de famille comme à la fête et au couronnement de la journée, il manquerait quelque chose d'essentiel au développement de leur cœur. Nous leur devons de la gaieté, la jeunesse en a besoin. Cela vaut un effort; nous serions tentés souvent de nous laisser aller à notre humeur, de multiplier et de faire durer les orages domestiques; prenons-y garde, les orages prolongés ne font pas de bien.

Non, l'éducation grondeuse n'est bonne pour personne, ni pour les jeunes ni pour les vieux; elle crée des habitudes maussades; elle fait qu'on redoute les heures de réunion, au lieu de les désirer; elle fausse quelquefois les caractères, car les enfants qui vivent dans l'appréhension constante des scènes sont portés à dissimuler certains faits; une crainte presque servile remplace la soumission filiale et l'ouverture de cœur disparaît.

Cependant les bons parents sont ceux qui grondent, c'est une règle à peu près sans exception ; mais autre chose est la sévérité bienfaisante qui reprend le mal et ne pactise jamais avec lui, autre chose une succession non interrompue de reproches, une irritation à l'état chronique. La fermeté a en elle je ne sais quoi de vigoureux et d'élastique qui ne nous permet pas de languir dans les bas-fonds d'un mécontentement découragé. Fortement repris, fortement aimés, nos enfants trouvent le port après la tempête et goûtent la sécurité du vrai pardon.

Ainsi la faiblesse est exclue en même temps que l'humeur noire; on tâche de ne faire ni des esclaves ni des enfants gâtés, on fait des hommes.

Œuvre magnifique et difficile; nous n'y réussirons qu'à la condition de veiller sur nous-mêmes et de compléter un peu notre propre éducation en vue de l'éducation de nos enfants. Il est bien des choses, par exemple, que nous ne devons pas dire devant eux. Sans vouloir pousser trop loin le système des précautions et quoique convaincu qu'un régime de vérité leur est avant tout nécessaire, qu'il importe de les habituer graduellement à la vie telle qu'elle est et de ne pas les rendre semblables aux plantes de serre chaude qui ne supportent pas le grand air, je pense cependant que nous leur rendrions un triste service si nous ne ménagions pas les transitions. Leur organisation délicate serait froissée par le brusque contact de certains objets, leur foi naissante ne survivrait peut-être pas à l'assaut de certains doutes brutalement présentés. Quand nous sommes en famille, nous n'avons le droit ni de poser toutes les questions, ni de discuter tous les problèmes, ni de raconter toutes les histoires, ni de lire tous les livres. Combien de livres, d'ailleurs honnêtes (nous n'en lirions pas d'autres), qui renferment des récits, des idées, des expressions propres à corrompre peut-être de jeunes imaginations !

Respectons jusqu'au scrupule, jusqu'à l'excès cette innocence des enfants, cette fleur de pureté des adolescents, ces saintes fiertés d'une candeur qui s'ignore elle-même et que rien ne doit ternir. Quand nous avons banni de notre conversation ce qui est positivement mauvais, nous croyons que cela suffit, et nous nous trompons ; à côté du mauvais il y a le grossier. On ne saurait croire combien une certaine distinction de langage et de pensées contribue à relever le niveau général de la famille. Les hermines évitent, dit-on, les endroits fangeux ; on peut, sans tomber dans l'afféterie, observer une réserve de bon goût et ne pas toucher à la boue.

Nos enfants rencontreront plus tard ces choses, mais il est bon qu'ils sentent que chez eux on ne les admet pas. Le comme il faut s'acquiert auprès des parents, par la vue habituelle de ce qui est noble, par l'exclusion de ce qui est bas. Le comme il faut ne s'enseigne pas et les règles n'en sont tracées nulle part ; il se communique, il se gagne, si j'ose parler ainsi. Et n'allez pas croire que ce soit une acquisition sans valeur, il se rattache à l'ensemble de l'éducation, c'est-à-dire à cette influence mystérieuse et toute-puissante que la famille exerce sur nous.

La famille ne nous enseigne pas autrement la complaisance, l'accomplissement aimable des devoirs de détail, le sacrifice de nos convenances. Cet apprentissage incomparable de la vie était là, tout préparé pour nous et autour de nous, au moment où nous sommes nés. Il y avait de vieux parents à soigner et à amuser, des malades à visiter, du bien à faire; il y avait des frères et des sœurs à supporter dans leurs brusqueries, des dérangements à accepter, des services à rendre. Notre famille s'est bien gardée, si elle a compris sa tâche, de nous épargner ces petites tribulations; elle n'a respecté ni nos aises ni même notre travail; elle nous a interrompus, elle nous a fait lever de notre chaise, elle nous a donné des commissions, et nous avons de la sorte appris sous le toit paternel ce que nous n'aurions jamais appris ailleurs.

Mais c'est assez; peut-être ne me suis-je arrêté

que trop longtemps dans ce doux intérieur où l'on est si sérieux et si heureux, où s'accomplit loin du bruit du monde la plus grande œuvre qui se fasse sur la terre. Il m'attire, et volontiers je m'y attarde un peu. C'est si beau, de vrais parents en présence du vrai devoir !

Ils se sentent faibles, que sont-ils pour de telles choses ? Forger des caractères, armer des cœurs pour les luttes, les douleurs et les joies de la vie, préparer des âmes pour l'éternité, qui leur donnera cela ? A quelle source iront-ils puiser assez d'énergie, assez de sagesse, assez de persévérance, assez de largeur, je ne dis pas assez d'amour ? Voyez-les à genoux, le secret de l'éducation est là. Le soir, quand leur nichée est endormie, ils s'entretiennent encore avec leur Père céleste, qui est aussi le père de leurs enfants.

De telles prières sont entendues. Je ne dis pas qu'on voie toujours de ses yeux l'exaucement préparé là-haut, mais la fidélité des parents chrétiens a de grandes promesses. Peut-être, après eux, le fils qui a mis tant d'amertume dans leur vie rencontrera-t-il une grâce imprévue. S'il lui était donné de remonter jusqu'aux causes, il verrait, bien loin en arrière, deux époux prosternés auprès d'un berceau.

L'action des prières dure longtemps. L'autorité des pères et des mères dure longtemps aussi. Sans doute il est un âge où elle ne s'exerce plus de la même façon; elle n'en subsiste pas moins, dans les bonnes, dans les vraies familles. Ne leur demandez pas, à elles, quel est le terme précis de l'éducation, quelle est l'époque de l'émancipation définitive, quel est le moment où le fils a le droit de dire : Je ne dépens plus en rien de mon père.

Il y a une indépendance indispensable; il y a une douce dépendance, dépendance volontaire, que maintient l'habitude du respect. Aucun de ceux qui en ont senti le charme ne me démentira, si j'affirme que parmi les déchirements qui se font en nous lorsque notre père nous est retiré, un des plus douloureux est celui que produit cette pensée : Je ne dépens plus que de moi.

CHAPITRE QUATRIÈME

LES DEVOIRS DES ENFANTS

Ce chapitre pourrait être très-long; il ne le sera pas, car je l'ai en quelque sorte écrit d'avance; je n'ai pas pu parler des devoirs des parents sans parler aussi de ceux des enfants, ce sont choses connexes et inséparables. Un seul point n'a pas été mis en lumière; et comme ce point est, selon moi, d'une importance suprême, comme il est d'ailleurs oublié ou à peine mentionné en passant par la plupart des moralistes, j'ai l'intention de l'examiner de près. Parmi les devoirs des enfants, le moins connu aujourd'hui et le moins pratiqué, c'est le devoir d'être jeunes. Or il se rattache à tous les autres et il leur donne une physionomie spéciale.

Les autres devoirs (il n'est pourtant pas permis de les passer entièrement sous silence) se rattachent au commandement : « Honore ton père et ta mère. » L'apôtre Paul, lorsqu'il le rappelle, a soin d'ajouter que c'est « le premier commandement avec promesse. »

Et, en effet, des bénédictions visibles sont toujours accordées aux enfants obéissants et respectueux. On ne saurait le nier, il y a ici pour eux une récompense immédiate : aux bonnes joies de famille, aux affections réciproques, vient bientôt se joindre l'approbation de tous. Ces enfants-là sont aimés, estimés, une prévention favorable les environne et facilite leur marche ici-bas; ils entrent dans la vie sous d'heureux auspices ; ce sont d'heureux enfants, ils n'ont que des amis.

Ainsi s'accomplit la promesse. Et de toutes les bénédictions dont je parle, la plus précieuse, aucun fils ne me désavouera, se trouve déjà dans la douceur de chérir, de vénérer, de se confier, de se sentir à l'abri. Dieu dit, en s'adressant à ceux qui lui obéissent, que sa récompense « est avec lui. » Ce qui est vrai de notre Père céleste peut s'appliquer aussi dans une grande mesure à notre père terrestre ; par elle-même et indépendamment de ses conséquences, l'obéissance du cœur nous fait du bien ; elle nous donne de la joie, de l'entrain, de la vie.

Je plains les enfants qui se privent d'un tel élément de bonheur. La désobéissance habituelle nous abaisse et nous endurcit. Ne pouvant étouffer entièrement le cri de notre conscience, nous savons que nous faisons le mal, et plus nous avançons dans cette voie, plus nous nous desséchons. Voilà la lutte introduite dans la famille, des sentiments horribles, des méfiances, des haines peut-être, s'y développent peu à peu ; à côté de la révolte se glisse bientôt le mensonge, car l'enfant rebelle tient à cacher sa conduite. Ainsi tout est faussé à la fois, et le sens moral fléchit en même temps que la tendresse s'en va. Chacun alors cherche à se tenir éloigné de la maison ; l'ouverture de cœur, les confidences filiales, les joyeux propos, les bonnes gaietés ont disparu ; au lieu d'une famille, il ne reste plus qu'un logis banal, une sorte d'auberge maussade et redoutée où l'on vient encore dormir et prendre ses repas, en attendant le jour souhaité de l'émancipation définitive.

Ah, il n'y a qu'à considérer le fils désobéissant, pour comprendre ce que vaut la promesse faite à celui qui honore son père et sa mère. Si la forme qu'elle avait sous l'ancien Testament s'est spiritualisée sous le nouveau, n'est-il pas cependant certain que la désobéissance abrége la vie ? Ce serait une terrible enquête que celle qui porterait sur ce point. Que d'existences dévastées ! que de vices contractés ! que de santés compromises ! Le bonheur dans l'ordre est sain pour le corps comme pour l'âme.

Il est des enfants qui, sans se mettre précisément en révolte, ne connaissent pas ce tendre respect qui seul donne à l'obéissance filiale son caractère et son prix. Ils exécutent les ordres qui leur sont donnés, ils s'abstiennent de ce qui leur est défendu, ils courbent la tête; ne leur demandez rien de plus. On dirait des esclaves qui accomplissent tout juste leur tâche, des malfaiteurs qui ont étudié leur code et qui savent le point où il faut s'arrêter pour ne pas tomber sous le coup de la loi. Que leur reprochez-vous? Ils sont en règle. Ils seront toujours en règle. Ils me rappellent le serviteur de la parabole : « Voici, tu as ce qui est à toi. » Quand leur père a *ce qui est à lui*, que pourrait-il réclamer de plus?

Je ne veux pas supposer des monstres, des misérables capables de fournir « des aliments » à leurs parents tombés dans l'indigence et de s'abriter derrière la barrière glacée des définitions légales. Non, je suppose des enfants qui savent aller au delà de ce que les tribunaux exigent, mais qui restent en deçà de ce qu'exigent d'une commune voix la conscience et l'Évangile. Qu'ils sont à plaindre, et qu'on est à plaindre autour d'eux! Qu'il fait froid dans la maison qu'ils habitent! Les rapports y ont quelque chose de tendu et d'officiel; on y évite tout sujet intime; sous une apparence quelquefois paisible, je ne vois là au fond que désunion et que froissements.

Et encore! Les froissements annoncent des cœurs qui n'ont pas cessé de battre, il y a de la ressource tant que nous souffrons ; mais l'heure vient où nous ne souffrons plus. Alors la maladie morale a achevé son œuvre, la famille est morte. Et tout continue à marcher sans encombre, sans scandale; on se rencontre, les convenances sont observées, l'autorité paternelle a son libre jeu, on cause d'affaires, de politique, on est ensemble dans des termes excellents; ces enfants sont parfaits; le monde les cite peut-être pour la régularité exquise de leurs procédés ; seulement ils ont oublié d'honorer leur père et leur mère.

Donnez-moi plutôt des maisons que la passion afflige de ses éclats, donnez-moi des conflits, des révoltes, des tempêtes ; mais ce calme plat de l'indifférence, cette tranquillité de cimetière, je ne vois rien de pis.

On blâme souvent et avec raison certains traits de la famille américaine. Pas plus qu'un autre, je l'ai déjà dit, je n'aime l'indépendance presque absolue qui y règne. Lorsque la jeune fille a son cercle à elle et ses jours de réception, lorsqu'elle choisit seule son époux, je proteste énergiquement; toutefois, après avoir condamné le mauvais individualisme qui fausse de la sorte l'institution divine et donne aux parents aussi bien qu'aux enfants une situation qui ne devrait pas être la leur, je reconnais cependant que la séve évangélique circule là avec force. Il y a là en général de vraies tendresses et de vrais respects ; il y a le sentiment du devoir ; il y a, au travers d'erreurs graves, une vie puissante du cœur et de la foi. Ces gens-là honorent leur père et leur mère, la forme chez eux est plus compromise que le fond ; je crains que le contraire ne soit souvent vrai chez nous.

Il est bien beau ce mot : honorer ! Ni la soumission, ni le respect, ni la déférence ne parviennent à l'épuiser; pour comprendre sa vraie portée, il faut aller jusqu'au sentiment qu'exprime un autre mot : la piété filiale. La tendresse que nous inspirent notre père et notre mère n'est pas la première tendresse venue ; elle est pénétrée de reconnaissance et de confiance.

Nous avons besoin de nous confier. Eh bien, voici ceux qui nous ont tenus tout petits dans leurs bras, qui nous ont aimés, supportés, gardés, protégés depuis que nous sommes au monde, ceux dont l'affection s'oublie toujours et ne nous oublie jamais. Ils savent ce que nous ignorons, ils ont l'expérience de la vie ; c'est notre privilége d'obéir à leurs ordres, de suivre leurs directions, de nous abandonner à leur conduite. Lorsqu'ils ont parlé, nous ne doutons pas ; est-ce qu'on doute de la parole de son père ?

Quelque chose en nous nous dit que nous sommes chargés de les rendre heureux. « Que ton père et ta mère se réjouissent et que celle qui t'a engendré s'égaye. » Cette parole du livre des Proverbes sera comprise par le plus jeune enfant, et, arrivés près du terme de la vie, elle nous apparaîtra plus claire encore, et l'un des remords de notre vieillesse, ce sera d'avoir quelquefois affligé ceux dont nous devions être la joie.

La piété filiale a encore un caractère que je ne voudrais pas omettre : elle s'humilie sans s'abaisser. Un fils confesse ses fautes, un fils demande pardon, et qui dira que sa dignité d'homme en soit compromise ? Au contraire, il nous est bon de courber ainsi la tête. Dieu, qui sait de quoi nous sommes faits, a préparé ce moyen admirable de briser et d'assouplir notre orgueil, de donner une forme sensible en nous à la conscience souvent trop vague du péché. Qui n'a jamais imploré le pardon de son père ou de sa mère aura à apprendre un jour sous la rude discipline du monde ce qu'il n'a pas appris dans la famille.

Si la piété filiale a quelques devoirs pénibles à remplir (il le faut bien), que de joies elle a à recueillir aussi ! Les relations qu'elle fonde entre deux générations sont tout simplement délicieuses.

Approchez-vous un moment de cette fille qui honore son père. Peu à peu leur tendresse s'est transformée, ils se sont liés, une sorte de passion charmante s'établit entre eux. Non-seulement ils sont heureux ensemble, mais ils se font du bien. Oui, la fille elle-même peut faire beaucoup de bien à son père ; il est des choses qui, dites par elle, trouveront le chemin de son cœur. Parfois les rôles semblent se modifier ainsi graduellement, il entre une sorte de douce protection dans l'amour de la fille, et cet amour n'a jamais été plus soumis, plus respectueux ; il semble qu'il veuille se faire pardonner son usurpation involontaire.

Les fils et les mères ont aussi leurs grandes amitiés. Le fils ne saurait trouver une confidente plus sûre et plus sympathique. Les difficultés de sa carrière, les émotions naissantes de son cœur, ses échecs, ses succès, les troubles de sa jeunesse, il apporte tout à celle qu'il est certain de ne point lasser. Une mère a toujours du temps pour son fils, sa patience est de celles qu'on n'épuise pas. Et comme elle comprend ! comme elle plaint ! comme elle fortifie ! comme elle corrige et ramène avec douceur ! En s'approchant d'elle son fils devient meilleur ; là ses sentiments se purifient, certaines pensées s'enfuient effrayées et n'osent pas même se produire, sa conscience s'éveille ; il retrouve là ce qui s'émousse aisément ailleurs, la sainte délicatesse des impressions.

Quant aux intimités des filles et des mères, c'est tout un univers réservé où je n'ose mettre le pied. Ce que j'ai entrevu suffit à me faire comprendre que ces deux âmes, lorsqu'elles se sont unies d un lien étroit, lorsque l'attrait est venu s'ajouter au devoir, entrent dans des rapports dont le charme est infini. Entre cette vie qui commence et cette vie qui s'achève, entre cette expérience et cette candeur, il y a un monde d'idées et de sentiments à échanger. Je me rappelle une mère et une fille que j'ai vues longtemps s'asseoir chaque dimanche et toujours à la même place sur les bancs de l'église où j'allais entendre la prédication de l'Évangile ; je n'ai jamais su leur nom, je ne connais d'elles que les regards qu'elles échangeaient ; et c'était assez, on sentait qu'elles vivaient l'une dans l'autre et l'une pour l'autre. Sous la sobre distinction de leurs vêtements de deuil on devinait la saine élégance et la grâce ; mais ce qu'on devinait surtout, c'était leur tendresse. Laquelle protégeait l'autre ? En vérité je n'ose le dire, tant il y avait de sollicitude presque maternelle dans les yeux de la plus jeune quand elle contemplait sa mère à son insu.

Les fils et les pères s'aiment autrement ; ils ne s'aiment pas moins. Si le père que nous vénérons consent à devenir notre ami, nous nous avançons dans la vie appuyés sur une forte main. Ici les effusions sont plus rares, d'homme à homme on se raconte peu; n'importe, on se touche de partout; les chemins où le fils est engagé, le père les a parcourus; il a rencontré ces tentations, ces obstacles; il sait où seront les forces et les secours. Et à mesure qu'ils avancent, leurs relations s'attendrissent en quelque sorte; ils se resserrent l'un contre l'autre au pied de leur Dieu, le temps des caresses vient. Hélas, le temps de la séparation vient aussi. Il se fait alors un déchirement dans notre vie. Où est-il ce beau front vénéré sur lequel nos lèvres se posaient avec tant de bonheur? Où est-il celui qui nous chérissait, qui nous grondait, qui nous guidait, qui nous gardait? Il est là-haut, près du Sauveur en qui il a cru, au céleste rendez-vous de la famille.

Si nous interrogeons nos souvenirs de jeunesse, les images de notre père et de notre mère ne nous apparaîtront pas seules; à côté d'eux se montreront d'autres figures non moins respectées. Qui nous a donné notre premier habit, ce bel habit rouge dont nos cinq ans étaient si fiers? Un grand-père heureux de revivre en nous et rêvant déjà pour nous une carrière semblable à la sienne, des coups de sabre peut-être et des charges de cavalerie. Qui préparait avec tant de soin pour nous ces surprises du nouvel an, toujours trahies par la vieille gouvernante, toujours contemplées en secret pendant les derniers jours de décembre, et produisant toujours le premier janvier l'effet d'une surprise véritable? Une bonne grand'mère « honorée » par tous ses petits-enfants.

Je ne veux pas esquiver les difficultés du sujet. Il est de tristes familles, où le devoir d'honorer les parents paraît être d'un accomplissement malaisé. Tous les pères ne sont pas vénérables, toutes les mères ne sont pas dévouées; que faut-il faire alors? Le commandement subsiste, il ne comporte aucune exception. Je vais plus loin, notre conscience nous dit qu'aucune exception n'est possible et que le jour où nous cesserions d'honorer notre père ou notre mère, quels qu'ils soient, nous serions coupables. En doutez-vous? Examinons.

Certains parents ont le caractère difficile. Excellents d'ailleurs, ils sont grondeurs, emportés, enclins à l'inquiétude, tombant sans cesse dans le noir, mélancoliques, nerveux, comme on s'exprime aujourd'hui. Auprès d'eux la vie n'est pas toujours gaie, notre devoir d'enfants n'est pas facile. Mais ne sommes-nous appelés qu'aux devoirs faciles? S'il devient nécessaire de supporter un peu ceux qui nous ont supportés beaucoup, si nous sommes chargés de mettre le bonheur, le calme, les rapports aimables dans la maison, la tâche est belle, avec le secours de Dieu nous en viendrons à bout. Et qui sait? ces âmes inégales et orageuses finiront peut-être par chercher, par trouver la paix ; peut-être des affections profondes se développeront-elles alors, le devoir accompli fait de ces miracles. Lorsque les souffles rafraîchissants arrivent toujours du même côté, la famille est pour ainsi dire forcée de se tourner vers ce côté-là et d'aimer puissamment qui lui rend la vie.

Honorer les parents difficiles et nerveux, c'est tout simple; mais les parents indifférents! Et il y en a, ne nous faisons point d'illusion. Tel père aura pour intérêt principal ses affaires, sa carrière, son ambition, ou simplement ses habitudes. Il ne sera pas sans affection pour ses enfants; non, seulement cela sonne sec et creux. Entrez chez lui, vous n'y surprendrez pas une caresse, une expansion, un élan du cœur; on y vit en étrangers les uns à côté des autres. Eh bien, il s'agit d'honorer ce père-là, il s'agit d'avoir pour lui de la tendresse et du respect. Tout naturellement, dans la naïveté de sa confiance filiale, un enfant bien-né *ne voit pas* le mal qui est chez son père, l'idée de son indifférence ne saurait même l'aborder, il croit à sa tendresse. Que plus tard, à mesure qu'il apprend à se rendre compte, quelques déceptions cruelles se fassent sentir, je ne le nie pas, mais j'espère qu'alors il aura mieux saisi ses obligations de fils, il saura mieux à qui il peut s'adresser pour obtenir les moyens de vaincre. Car il ne lui faut rien moins qu'une victoire; il ne sera satisfait, le pauvre enfant, que lorsqu'il aura gagné son père à force de l'aimer.

Il est enfin une situation encore plus digne de pitié. Comment ceux qui ont de mauvais parents, des parents corrompus, scandaleux, s'y prendront-ils pour les honorer? — Comment? Ils commenceront par ne pas croire au mal; il y a chez les enfants une puissance incalculable de respect. Puis ils feront comme Sem et Japhet, ils couvriront leur père en marchant à reculons. Le vice d'un père ne se voit pas; les yeux se ferment d'eux-mêmes, plutôt que de constater certaines choses. Que des enfants soient contraints de les voir, il s'établira en eux une lutte bien douloureuse. Leur respect aura à se défendre; il se défendra, et il trouvera moyen de l'emporter; obstinés dans leur piété filiale, ils ne renonceront jamais, non jamais, à honorer celui pour lequel leur âme se fondra en supplications et en prières.

Il va sans dire, au reste, que l'obéissance a ses limites; ses limites sont notre conscience et notre foi. Il est des résistances respectueuses; bien plus, il est parfois une émancipation qui s'accomplit forcément, par la nécessité d'échapper à des influences funestes. Quelle souffrance! L'enfant se pardonne à peine d'avoir dit non à son père ou à sa mère; il faut, il faut absolument que cet état contre nature ait un terme; il a besoin de donner en amour ce qu'il a été forcé de refuser en soumission.

Telle est la piété filiale dans ses crises héroïques. Grâce à Dieu, elle n'est pas souvent soumise à de pareilles épreuves. Il fait bon, après avoir considéré un instant des familles ravagées par le vice, reposer nos yeux en admirant celles qui vivent d'une vie saine et conforme à l'Évangile. Vous les connaissez ces maisons où, naturellement et sans exigences, le père et la mère ont leur place, une place à part. Là, on le sent, tout est dans l'ordre; or, l'ordre est une des conditions du bonheur.

L'ordre serait compromis, si nous insistions outre mesure sur le bien que les enfants ont à accomplir dans la famille. On s'arrête aujourd'hui avec complaisance à ce côté du sujet; M. Legouvé écrit *L'éducation d'un père;* on aime à voir comment une jeune fille, par exemple, peut, à force de tendresse aimablement protectrice, ramener au droit chemin celui qui aurait dû l'y guider elle-même.

Je ne prétends pas que cela n'arrive jamais, ce serait contredire ce j'ai écrit tout à l'heure; je prétends que la mission bienfaisante des enfants sera d'autant plus utile qu'elle sera plus discrète. Il importe qu'ils n'en aient pas conscience ; l'enfant qui sait qu'il protége ou surveille ses parents, qu'il les évangélise, qu'il est chargé de leur faire du bien, se trouve dans une position fausse et dangereuse. Que cette position soit acceptée lorsque les circonstances en font par malheur une nécessité évidente, je le conçois ; mais qu'on aille la chercher, qu'on érige les enfants en instituteurs habituels de leur père et de leur mère, je ne saurais assez protester contre une pareille tendance.

Vous souvenez-vous de cette horrible police de petits espions que Savonarole avait un jour déchaînée sur Florence ? J'en suis fâché pour la mémoire d'un homme qui, sans m'inspirer une sympathie absolue, me semble par bien des côtés mériter notre respect, peu d'inventions ont été aussi détestables et aussi subversives. Figurez-vous ce que devenait la famille, lorsqu'elle avait ainsi pour inquisiteurs ceux-là mêmes qui auraient dû s'y montrer le plus soumis et y occuper le plus humble rang ! Comme ils devaient « honorer » leur père et leur mère, ces enfants ardents à les dénoncer, à les dépouiller ! Comme ils devaient croître en obéissance et en grâce, ces jeunes malheureux chargés des intérêts de la république et de ceux de la religion !

Les enfants qui sont bien enfants, qui se tiennent à leur place d'enfants, sont les seuls qui fassent du bien et qui donnent de la joie. Au fait, leur meilleure manière de donner, c'est de recevoir. Il n'est pas certes inutile à ses parents, celui qui s'abrite sous leur aile et qui profite de leurs conseils ; sa soumission empressée, sa confiance joyeuse lui gagnent les cœurs ; on se sent désarmé contre son influence involontaire et naïve.

Ces influences-là peuvent être grandes ; Dieu seul sait tout ce qui s'opère ici-bas par le moyen des braves enfants. Mais à quel signe les braves enfants se reconnaissent-ils ? Ils sentent leur faiblesse et réclament l'appui dont ils ont besoin.

C'est un beau temps, c'est aussi un rude temps que celui de la jeunesse. Les tentations y abondent. Il y a celles des enfants et celles des adolescents, il y a celles des jeunes gens et celles des jeunes filles. Dans ces âmes ouvertes à tout, le mal fait de partout invasion. Une foule d'émotions diverses bouillonnent confusément au fond de ces cœurs ; les unes viennent du dedans, les autres ont été rapportées du dehors. D'étranges questions se posent ; l'imagination se donne carrière ; des ambitions, des jalousies, des révoltes, des orgueils inouïs se mettent à fermenter ; des passions inconnues, innommées, font déjà pressentir leur influence ; tantôt grossières, tantôt subtiles, selon le milieu où les enfants se trouvent plongés, les sollicitations corruptrices les assiégent.

Il en est toujours ainsi, même quand il semble que rien de souillé ne vient se mêler à la vie de nos enfants. Que personne ne chante victoire ! Les privilégiés qui ont grandi dans une atmosphère de foi et de pureté, dont l'âme simple n'a connu que le calme, qui n'ont eu à lutter ni contre le doute ni contre la passion, ont aussi leurs dangers à courir. Quelquefois c'est leur sécurité qui fait leur péril : ils croient en eux, ils estiment très-haut leur force morale et leur vertu, ils jugent sans miséricorde les chutes d'autrui. Ces enfants impeccables sont des enfants chez qui tout est à faire encore; l'œuvre du changement du cœur n'est pas commencée. Beau mérite de n'avoir pas été vaincus par des ennemis qu'ils n'ont pas eu à combattre ! Mais les ennemis paraîtront un jour, un jour l'existence de serre chaude cessera, il faudra respirer l'air libre, affronter les contacts brutaux; aucune âme n'est dispensée de la lutte, aucune n'est mise une fois pour toutes à l'abri des assauts du monde.

Et c'est ici que le devoir des enfants se montre dans sa beauté. Si c'est le devoir des parents d'élever, c'est aussi, on l'oublie trop, c'est aussi le devoir des enfants de se laisser élever. Celui qui se tient loin, méfiant, revêche, n'honore pas son père et sa mère; parmi les sentiments que suppose le mot « honorer ,» l'ouverture de cœur occupe une des premières places.

Dès le plus jeune âge, le cœur est appelé à s'ouvrir. Il est sans doute des caractères naturellement expansifs et il en est qui sont naturellement fermés, je ne prétends pas que ces différences puissent en général disparaître; mais si les dispositions diffèrent, le devoir est le même; or, n'allons pas confondre les questions de goût et les questions de devoir. Nous n'y sommes que trop portés : quand nous avons établi que tel enfant n'a pas telle inclination, nous croyons avoir tout dit. — Il ne l'a pas? Il faut qu'il la prenne; nos obligations subsistent, qu'elles nous soient agréables ou non. Tant mieux pour nous, lorsque çà et là l'obligation et l'inclination coïncident; cela arrive sur certains points, jamais sur tous. Or, alors même qu'elles s'accordent, elles ne se confondent pas, le devoir reste devoir, et il importe que nous l'accomplissions comme tel.

Un enfant ne saurait commencer trop tôt à penser tout haut. Ses chagrins, ses bonheurs, il les porte à son père et à sa mère, il ne cesse de leur poser des questions. Parlez-moi de ces enfants qui interrogent beaucoup, qui disent tout, dont le candide visage exprime une confiance sans limite! Ils regardent droit devant eux, ils n'ont ni ces yeux baissés ni cet air en dessous, passez-moi le terme, qui annoncent des habitudes de dissimulation précoce. Chez eux il n'y a que franchise, loyauté, sécurité filiale. Pourquoi cacheraient-ils quelque chose? On les aime si tendrement! La ruse, cette lèpre, ne s'approche pas d'eux ; la mauvaise crainte ne les trouble pas. Heureux et joyeux, ils respirent à l'aise auprès du foyer. Voilà la vraie éducation, à ses débuts.

L'enfant va devenir un jeune homme. Le devoir alors aura-t-il changé? Non certes. Jamais, au contraire, l'ouverture de cœur n'aura eu un rôle plus important à remplir. Un jeune homme qui s'isole des siens est d'ordinaire un jeune homme perdu. Se tenir près de son Dieu d'abord, près de ses parents ensuite, telle est la consigne du jeune homme; s'il la suit, il sera secouru dans le combat.

Que lui faut-il, en effet? D'abord une indulgente tendresse, qui accueille ses confidences, qui comprenne ses difficultés, qui entre dans ses peines. Il lui faut aussi de mâles conseils, qui ne lui permettent pas de confondre le bien et le mal. Il lui faut la vérité, la vérité telle que ceux qui aiment savent la dire. Il lui faut, à l'heure des désenchantements, lorsqu'il est tenté de s'aigrir, une main douce qui le ramène. Il lui faut enfin ce bien-être moral que donne la famille, qui fait qu'on s'y plaît, qu'on y revient, qu'on ne s'y sent jamais seul.

Lorsqu'un jeune homme tient son cœur fermé, il cesse d'aimer la maison paternelle. Qu'y ferait-il? Il n'a rien à dire et rien à entendre, rien à recevoir et rien à donner, le contact des âmes n'existe plus. L'obéissance passive, le respect extérieur n'empêchent pas qu'il n'ait renoncé à « honorer » ses parents ; la séparation est déjà un fait accompli.

Et de fait, il se sépare. Il va chercher ailleurs, dans les cafés ou dans les clubs, de déplorables distractions. Suivez-le maintenant : sa déchéance se montre à un premier signe, bien plus grave qu'on ne le croit, le sans-gêne. Comme il n'a plus que des camarades, il se néglige. Il perd l'habitude de la bonne compagnie; il lui répugne de faire des frais, de s'imposer un effort quelconque. Tantôt c'est l'effort de la tenue morale qui lui répugne, tantôt c'est simplement celui de la toilette. Qu'il aboutisse à l'élégance de mauvais goût ou au genre débraillé, il n'importe guère; entre les gens comme il faut et lui une barrière s'élève, toujours plus haute et plus difficile à franchir. Au milieu de sa propre famille, il se sent gêné, blâmé, surveillé; l'accord des idées et des sentiments est rompu. Quelle attitude avoir? Quelle langage tenir? Le délicieux abandon des fils lui est inconnu ; je dis plus, il lui ferait peur. Il a conquis son indépendance, et il y tient ; il ne saurait que faire à présent de l'intimité. Les convenances, à la bonne heure ; le respect, oui, et la tendresse en gros, et l'obéissance à longues échéances, et le dévouement des grandes occasions.

Arrivent les désordres et peut-être les scandales. Comment s'en étonner? Le lien de famille n'existe plus, l'isolement s'est fait. Quand nos amis ne sont plus là-dedans, sous le toit paternel, nous les cherchons dehors ; et quels amis ! Quand la bonne vie du foyer est interrompue, nous nous en arrangeons une autre ; et quelle vie ! Il n'y a pour nous qu'un gardien sûr, après Dieu : c'est la famille, la famille acceptée, aimée, la famille confidente, la famille asile, la famille force et reconfort. Qui ne la veut qu'à demi, la perd en entier ; qui l'exclut des petites choses, ne l'aura pas pour les grandes. Si elle n'entre pas dans nos habitudes, elle n'est rien.

Les jeunes filles, elles aussi, peuvent manquer au

devoir d'ouvrir leur cœur. Ce qui se passe alors, nul ne l'ignore. Bien qu'elles n'aient pas comme leurs frères la ressource des clubs et des cafés, elles n'en perdent pas moins le goût du vrai bonheur. Elles courent après les distractions extérieures : donnez-leur des réunions, des parties de plaisir; fournissez-leur le moyen de varier et de méditer leur toilette; trouvez-leur des amies; sans amies elles ne sauraient que devenir, car elles s'ennuient au logis.

Le danger est sérieux alors, vous pouvez m'en croire. Chez quelques-unes, que leur situation expose, les chutes auront parfois une gravité effrayante; chez d'autres, qui sont à l'abri et qui ne valent pas mieux, il n'y aura qu'un développement de l'égoïsme, de la sécheresse, de la coquetterie, de la légèreté. Ah, pourquoi, dès leur tendre enfance, ne leur avez-vous pas fait une obligation de ce qui devait faire plus tard leur sûreté et leur joie? Pourquoi avoir pris son parti de leurs ruses, de leurs dissimulations, de leur répugnance à se confier? Pourquoi n'avoir pas exigé? Le devoir aurait triomphé de l'inclination naturelle; il l'aurait transformée; elles auraient appris à aimer la bonne vie de famille.

Cette bonne vie, je ne saurais assez le redire, s'offre aux pauvres aussi bien qu'aux riches. Nos livres ont en général un très-grand défaut : ils réservent aux classes aisées certaines délicatesses du cœur. Il semble que chez les ouvriers et chez les paysans tout doive être grossier. Lorsque nous voulons nous représenter, par exemple, des fils et des filles consultant avec respect l'expérience de leurs parents, des pères et des mères accueillant ces confidences, nous nous transportons presque toujours par la pensée dans un milieu d'élégance et de loisir. Nous penchons à croire que les familles occupées n'ont pas le temps d'entrer dans de semblables détails; c'est à nos yeux comme un superflu dont se préoccupent peu ceux qui ont à peine le nécessaire.

Eh bien, l'erreur est grande : d'abord parce que ce prétendu superflu est nécessaire au premier chef, et que les vraies familles, si pauvres soient-elles, ne s'y trompent pas; ensuite parce que les mœurs élégantes et les vies de loisir sont loin de marcher toujours avec la supériorité morale. Au contraire, c'est de ce côté-là trop souvent que nous rencontrons la grossièreté ; trop souvent on s'y contente des plaisirs de convention, on s'y arrange d'une existence toute factice, encombrée de faux devoirs et de faux bonheurs, on y éprouve peu le besoin des joies délicates, on s'y passe des intimités du mariage et de la famille.

Je ne prétends pas que tout soit parfait chez les paysans et chez les ouvriers; j'ai vécu au village, je n'écrirai donc pas une idylle. Mais je soutiens que le mal, qui y est grand et qui y prend des formes choquantes, n'est cependant pas tel qu'on le dit. Les mères du village ne s'entretiendront pas sans doute aussi longuement que le ferait telle dame avec un fils, avec une fille qui ont des confidences à faire et des conseils à demander; cependant elles les écouteront, et de grand cœur. Elles sauront, au besoin, les ramener, les encourager, les consoler. Il ne faut pas croire qu'on ne pleure pas au village, que les bonnes sympathies y soient inconnues, qu'on ne s'y émeuve pas à la pensée du chagrin d'un enfant ou de son péril, que les tendresses, pour s'exprimer moins peut-être, y soient moins profondes, qu'il y fasse moins chaud autour du foyer.

Après les devoirs envers les parents viennent se placer ceux envers les frères et les sœurs. Je dis *les devoirs*, car ici encore il importe de maintenir cette notion fondamentale. — Le plus souvent on ne parle que sentiment. Il en est peu qui aient autant de charme et de douceur que celui-ci; il en est peu qui nous fassent autant de bien et nous donnent autant de joie. Je ne fais pas fi du sentiment, tant s'en faut; je pense même qu'ici le sentiment est un devoir, que notre devoir séparé du sentiment ne serait plus le devoir.

Mais le sentiment séparé du devoir, que deviendrait-il? Conservât-il toute sa puissance, il perdrait quelque chose de sa sainteté. Nous n'aimons certes pas moins notre père parce que nous savons que nous devons l'aimer; nous l'aimons autrement, nous l'aimons mieux.

Il en sera de même pour notre frère ou notre sœur.

Nous les aimerons mieux, et nous serons gardés contre les dangers qui menacent sans cesse l'affection lorsqu'elle est seule.

Qu'on ne s'indigne pas; j'ai pesé mes paroles et elles sont vraies. D'où vient qu'il y a tant de frères désunis ou presque étrangers les uns aux autres? L'explication est bien simple: si les relations des frères entre eux ne reposent que sur l'inclination, il arrive naturellement que, l'inclination s'affaiblissant, les relations s'en vont aussi. Or, il ne manque pas de circonstances dans la vie qui peuvent porter atteinte à l'inclination, lorsqu'elle n'a pas sur elle la forte cuirasse du devoir. Les divergences d'opinion, les oppositions de caractère, les conflits d'intérêt, les malentendus, moins que cela, le simple fait de l'éloignement matériel, les difficultés de se voir et de s'écrire, l'influence des familles où l'on est entré par le mariage, que sais-je? l'action du temps, de l'âge, des habitudes, en faut-il davantage pour transformer peu à peu une vive amitié d'enfance en une sympathie glacée qui tient à peine sa place dans le cœur?

C'est affreux, cela, et cependant les choses se

passent de la sorte; si, grâce à Dieu, les frères ennemis sont rares, les frères presque indifférents ne le sont pas. On s'est éloignés, toujours, toujours plus, et le moment est venu où l'on s'est presque perdus de vue. Une certaine affection subsiste, on aura du chagrin en apprenant qu'un frère est malade, on pleurera sincèrement sa mort; mais est-ce assez? Ah, prenons-y garde, rien de bon ne se maintient sans effort, nous ne conservons que ce que nous prenons la peine de défendre. Dans notre mollesse sentimentale, nous aimons à compter sur nos bons instincts, nous nous fions à notre cœur, il nous semble que ce serait lui faire injure que de l'affermir par le devoir, et il en résulte d'ordinaire que notre cœur se dessèche et s'appauvrit.

Je voudrais indiquer plus nettement les dangers qui menacent l'affection fraternelle et dont il s'agit de la préserver.

Même aux années de la première jeunesse, les enfants réunis sous le toit paternel peuvent ne pas s'aimer comme ils le devraient. Il y a souvent là des querelles, des jalousies, des incompatibilités d'humeur, qui viennent de naître et ne demandent qu'à se développer. Il dépend du père et de la mère de ne pas tolérer ces choses. Les enfants comprendront qu'elles sont coupables, odieuses, et qu'il faut qu'elles cessent. C'est un moment décisif : si la liaison ne s'établit pas avant que le nid soit dispersé, il est probable qu'elle demeurera toujours imparfaite. Serrés autour de leur mère, respirant ensemble l'air de la famille, les frères et les sœurs apprennent à se chérir. Ils s'entr'-aident, ils se sentent unis de partout, ils ont les mêmes jeux, les mêmes études, les mêmes camarades, les mêmes joies, les mêmes indignations ; en dépit des frottements inévitables, leur unité se manifeste de plus en plus. Et au sein de cette unité apparaissent des intimités particulières ; ceux que l'âge rapproche, ceux dont les goûts ont des rapports, s'adoptent en quelque sorte. On voit poindre des générosités, des dévouements chevaleresques. Dans les maisons où les enfants connaissent leurs devoirs et où la vieille bible est chaque jour ouverte avec respect, il se forme des frères et des sœurs dont l'affection réciproque a déjà une singulière noblesse et serait capable d'héroïsme.

Elle leur sera bien nécessaire plus tard! L'heure de la dispersion a sonné; la nichée s'en va de droite et de gauche, chaque oiseau va avoir son nid. Première crise que traversent les frères et les sœurs. Mariés, formant autant de familles nouvelles, ils seront tentés de laisser se relâcher un peu les liens formés dans l'ancienne famille. Oui, cette tentation se présentera sans qu'ils le veuillent, sans qu'ils le sachent, et le seul moyen de la vaincre ce sera, vous pouvez m'en croire, de considérer l'affection fraternelle comme un devoir.

Ce devoir, très-doux, est aussi très-fort; et il faudra qu'il le soit pour repousser les atteintes que la vie, telle qu'elle est faite, ne tardera pas à diriger contre notre cœur. J'ai parlé de la première crise que nous avons eu à traverser; la seconde arrive d'ordinaire lorsque l'ancienne famille achève de disparaître. Le dernier survivant de nos parents nous a quittés à son tour, nous n'avons plus personne au-dessus de nous, ce qui unissait encore les frères et les sœurs semble se retirer, la maison où ils sont nés, où ils ont grandi, s'est fermée peut-être, en tous cas et sauf des exceptions fort rares, elle n'est plus leur maison, désormais elle appartient à l'un d'eux seulement, le centre commun et visible cesse d'être là pour les rassembler.

Le coup est plus rude qu'on ne l'imagine. Il faut alors serrer les rangs, il faut mettre sa volonté et son énergie à maintenir les liens d'abord, et aussi quelques habitudes.

C'est précisément alors que surgissent parfois d'abominables questions d'intérêt. L'ouverture d'un testament peut remuer, hélas, les lies du cœur; non-seulement on peut se croire maltraité, mais on peut se sentir blessé. Et que nul ne se suppose à l'abri des impressions de cette nature. Il s'agit de prendre à deux mains son affection fraternelle, il s'agit d'agir en frère, dans la complète acception de ce mot. Avant tout, la paix; avant tout, l'amitié; aucun nuage ne doit la voiler un seul instant. Entre vrais frères, il n'y a que des combats de générosité. Entre vrais frères, un partage est l'affaire de deux heures de temps; ils l'opèrent eux-mêmes, sans intervention des tiers, à leur pleine satisfaction mutuelle. Il est doux de se confier ainsi, de se sentir l'obligé d'un frère, d'être reconnaissant. Si vous consultiez deux frères dignes de ce nom, vous découvririez que chacun d'eux est profondément convaincu que l'autre lui a rendu bien plus de services qu'il ne lui en a rendu lui-même.

Mais ce que l'intérêt n'a pu faire, les divergences d'opinion le feront peut-être. Il est rare que deux frères soient du même avis sur tous les points. Et rien ne les y oblige d'ailleurs : l'essentiel est précisément de ne pas exercer de tyrannie à cet égard, d'user de sa liberté et de respecter celle d'autrui. Il arrive ainsi qu'on s'aime beaucoup sans penser toujours de même ; bien mieux, il arrive souvent qu'on se rapproche peu à peu et qu'on finit par se trouver d'accord. Toutefois la tentation de peser sur un frère est forte ; on s'irrite volontiers des contradictions. Nous sommes despotes de notre nature : au nom d'un principe prétendu, nous exigerons, qui sait? l'unité absolue des convictions de la famille. Et en l'exigeant, nous la ruinerons, car parmi les causes de refroidissement aucune n'agit avec autant de force que la susceptibilité des uns mise en jeu par le ton doctoral des autres. Entre frères gardons-nous de professer ; si le devoir de veiller sur le trésor de l'affection nous préoccupe, nous ne ferons la leçon à personne.

Il y a en effet une grande égalité à la base des relations fraternelles. Quoiqu'il soit bon de maintenir la hiérarchie naturelle et de tenir compte de la différence d'âge, aucun frère n'a le droit de commander ou même de gourmander. Les usurpations en pareille matière sont pleines de péril, et plus d'une famille a été désunie par le seul fait d'un de ses membres qui affichait la supériorité. Savez-vous à quel signe se montre la supériorité véritable? A la bonté, au respect des convictions d'autrui, à la simplicité de cœur, à l'esprit pacifique et modeste, au soin vigilant d'écarter ce qui ébranlerait l'affection, au libéralisme des mœurs, si j'ose m'exprimer ainsi.

Ce n'est qu'à la condition de respecter en plein l'égalité, qu'on peut faire sa juste part au droit d'aînesse. Le lecteur devine bien ce que j'entends par là : je ne pense certes ni à une part plus grande d'héritage, ni à une autorité, ni à un privilége quel qu'il soit ; en ma qualité d'aîné, j'en ai horreur. Je pense à la simple déférence due à celui qui occupe en vertu de son âge la position honorifique de chef de la famille. Ceci est une question de bon ordre, qui a sa valeur : dans la vie collective, dans les démarches faites au nom de tous, l'initiative doit appartenir à quelqu'un. Le maintien des rangs établis par l'âge ne nuira point, qu'on en soit convaincu, à l'attachement mutuel des sœurs et des frères.

Cet attachement a, nous l'avons vu, d'autres dangers à courir. Le plus ordinaire résulte tout simplement de la dispersion. A la distance où l'on se trouve, il devient difficile de se voir beaucoup ; chacun a ses occupations ; à mesure qu'on avance dans la vie, les déplacements se font moins aisés. Ceci est une pente glissante où l'on est exposé à glisser fort loin.

N'exagérons rien sans doute et ne surchargeons pas de devoirs artificiels nos épaules, qui fléchissent déjà sous le poids des vrais devoirs. Nous avons un établissement, un centre d'activité ; Dieu ne nous appelle pas à nous en écarter sans cesse ; nous sommes chez nous quelque part, il est naturel que nous y vivions. Mais il ne faut pas que le lien des frères en souffre ; c'est à nous d'y veiller. Que ferons-nous? Nous établirons entre nous une correspondance régulière, qui maintiendra le contact ; nous ne prendrons pas notre parti de ne plus nous voir, et nous trouverons moyen de surmonter les obstacles ; nous conserverons précieusement la confiance, la bonne grâce, les préventions aimables, les rapports faciles et doux ; nous ne permettrons pas à nos enfants de négliger ceux qu'ils peuvent visiter plus facilement que nous ; enfin nous saurons toujours nous entr'aider. Aux heures de l'épreuve, nous serons là, nos sympathies et nos services seront là. Notre frère ne cessera pas de compter sur nous, et nous ne cesserons pas de compter sur lui. Nous appuierons ses démarches, nous prendrons ses affaires à cœur ; il se dira jusqu'à son dernier jour : Quel ami j'ai dans mon frère!

De telles affections, où l'inclination et le devoir marchent ensemble, où le cœur et la conscience sont d'accord, peuvent défier les divers périls que je viens de rappeler, les conflits d'opinion et d'intérêt, les susceptibilités de caractère, la dispersion de la famille, les années, l'éloignement, les mille obstacles qui viennent se mettre à la traverse. Quoi qu'il advienne, on ne laisse pas aller de tels amis ; on ne le doit pas, on ne le veut pas, on ne le peut pas. N'avons-nous pas d'ailleurs un moyen d'action dont la puissance est incalculable ? Si chaque soir et chaque matin, en nous mettant à genoux, nous recommandons à Dieu ces bien-aimés, soyons tranquilles, l'attachement ne saurait périr. Cette douce revue journalière renouvelle et rajeunit sans cesse notre tendresse ; nous nous sentons tous unis sous le regard du Père céleste ; les distances s'effacent, les petits griefs s'en vont, la vraie famille nous apparaît inséparable, éternelle, en marche vers les belles demeures où elle doit se retrouver un jour, sans avoir perdu un seul de ses membres au milieu des souffrances, des chutes et des dangers de la route.

Les dangers ! On me reprochera peut-être d'y avoir insisté outre mesure. Je l'ai fait de propos délibéré, après avoir vu de mes yeux le relâchement des liens fraternels. Le sentiment fléchissait, j'ai invoqué le devoir. Est-ce à dire cependant que je me refuserai la joie de présenter aussi le côté charmant du sujet qui nous occupe? Il y a des frères dignes de ce nom; je le sais, grâce à Dieu, mieux que personne.

Qui n'a rencontré quelqu'une de ces amitiés touchantes, inébranlables, pénétrées d'une confiance absolue, croissant avec l'expérience de la vie, toujours prêtes pour toutes les circonstances faciles ou difficiles, heureuses ou malheureuses? Après la tendresse unique des époux, après la tendresse exceptionnelle des parents et des enfants, celle des frères a sa place marquée ici-bas; elle aussi, elle est une source jaillissante de joie et de force.

Suivez des yeux deux enfants, un frère aîné et sa jeune sœur : le petit garçon protége avec passion celle qui se trouve placée sous sa garde; son affection le grandit, le voilà homme. Et si les rôles sont transposés, si c'est la sœur qui est l'aînée, comme elle protége à son tour! comme elle guide, et conseille, et dirige, et reprend maternellement! Sont-ils à peu près du même âge, ils se lieront de plus en plus, ils se feront de mutuelles confidences ; relations saintes et douces, qui leur sont bonnes à tous deux et qui les aideront à franchir plus d'un défilé périlleux.

La mission des aînés peut devenir bien belle, lorsque la famille est éprouvée, soit par la gêne, soit par la mort de ses chefs naturels. Alors on voit apparaître un jeune père ou une jeune mère. Voici un frère aîné qui devient l'instituteur des plus jeunes, qui gouverne la maison, qui apprend les affaires, qui se fait prudent, expérimenté, parce qu'il se sent responsable. Un autre travaille, épuise ses forces : ne faut-il pas nourrir d'abord, et puis établir ses sœurs ?

Les sœurs aînées savent aussi remplir leur difficile devoir. Il est sous d'humbles toits des dévouements ignorés qui nous pénètrent de respect lorsque nous en surprenons le secret. Braves filles, elles ont à subvenir à tant de besoins ! Leur tâche est lourde ; elles ne s'en plaindront pas ; s'oubliant elles-mêmes, elles dépenseront sans regret leurs belles années. Mais aussi, comme on les aime ! comme on leur obéit ! Et quels liens se forment entre la jeune mère et sa famille !

J'aurais encore beaucoup de choses à dire, mais le lecteur n'aime pas qu'on lui dise tout, et il a raison.

Laissons donc les devoirs et les priviléges des frères; chacun complétera aisément l'esquisse commencée. Ces patronages naturels, ces jeunes gens qui entrent dans la vie, appuyés l'un sur l'autre, le cœur plein de douces confiances et de préventions charmantes, qui ne les connaît? Je n'ai donc garde d'insister.

Un enfant a aussi des devoirs à remplir envers tel parent qui n'est ni son père, ni sa mère, ni son frère, ni sa sœur. Il en a envers les amis de ses parents. Il en a, de très-sérieux, envers les domestiques. Et à côté de chacun de ces devoirs, Dieu a placé des joies. Si j'avais l'imprudence d'écrire un ouvrage spécial sur l'éducation, j'entrerais dans les détails; pour le but que je me propose, ce que j'ai dit suffira.

Mais, je l'ai annoncé, il est un trait de la vie des enfants au sein de la famille que j'ai l'intention de signaler avec vigueur, à cause de son extrême importance : il faut qu'ils soient jeunes.

Il le faut, c'est un devoir. Un enfant qui se fait vieux avant l'heure, qui ne met point de gaîté dans le logis, qui s'abandonne à son humeur sombre ou soucieuse, mérite d'être averti et repris. Qu'on ne s'écrie pas ; c'est sa nature ! Nous sommes chargés ici-bas de modifier notre nature, et la jeunesse est précisément l'époque où s'opère surtout un tel changement. La diversité des caractères subsistera sans doute et l'on n'exigera pas de tous les enfants le même entrain, les mêmes explosions ; tous sauront seulement qu'ils ont à travailler sur eux-mêmes, et leur travail ne sera pas sans fruit.

Il ne s'agit pas d'obtenir des gaîtés de commande. Avant tout, que l'enfant soit vrai, simple, qu'il ne vise pas à l'effet, qu'il n'exprime pas autre chose que ce qu'il sent. — Comment donc les vieillesses précoces seront-elles combattues ? En remontant à la cause. Or, la cause ici, c'est l'égoïsme.

A tout âge, les égoïstes sont volontiers moroses. Les yeux incessamment fixés sur eux-mêmes, s'abandonnant en esclaves à leurs impressions, dépourvus de l'énergie qui réagit, ils n'ont jamais qu'une demi-vie. Leur gaîté, quand ils adoptent ce genre, n'est qu'un rôle, une superficie ; n'allez pas regarder ce qu'il y a là-dessous.

Disons-le, des chagrins réels peuvent expliquer la fatigue morale chez les hommes faits ; les enfants, eux, n'ont pas encore assez connu les déceptions de l'existence pour qu'il leur soit permis de renoncer ainsi à la lutte. Les moins gais auront des élans, des saillies de jeunesse, si un détestable égoïsme n'est venu détendre les ressorts de leur âme. Oh, quand notre faiblesse a laissé cet ennemi s'installer chez nos enfants, quand eux-mêmes ne se sentent pas tenus de le combattre, une œuvre de destruction s'accomplit. Peu à peu, la vigueur s'en va, les générosités natives s'effacent, l'habitude de fléchir se prend. Fléchir, subir, c'est commode ; la paresse, cette forme ignoble de l'égoïsme, ne nous enseigne pas autre chose. Il en coûte de prendre sur soi, de réprimer sa mauvaise humeur, de se rendre agréable, de vaincre un mécontentement ou une inquiétude. Les braves enfants remportent de telles victoires; les lâches sont vaincus d'avance, car ils sont décidés à ne pas lutter. Pourquoi se donneraient-ils tant de peine? Ils se laissent aller, ils ne font pas un effort; distraits, secs ou préoccupés, plus souvent encore inertes, ils accomplissent tant bien que mal leur tâche obligatoire; ne leur demandez rien de plus, la vie est fatigante; on dirait qu'ils se proposent de vivre le moins possible.

On prétend quelquefois que ce sont des enfants sérieux! Ce sont des enfants vieux, ce qui n'est certes pas la même chose. Des enfants sérieux peuvent être fort jeunes et j'en ai souvent vu de tels. S'ils ne rient pas autant que leurs camarades, s'ils ne jouent pas autant que je le voudrais, du moins ils vivent, leur cœur bat fortement; leurs impulsions sont vigoureuses, ils ont des projets, des passions, ils se remuent et ils remuent ce qui les touche. La famille s'anime au contact des enfants sérieux; mais les vieux!

Je me sens féroce à cet endroit. J'aime les enfants, pourvu qu'ils soient enfants; quant aux enfants qui se déguisent en jeunes messieurs et en jeunes dames, je voudrais avoir le droit de leur dire à quel point ils sont ridicules et de les renvoyer à leur cerceau ou à leur poupée.

A mes yeux, je l'avoue, le jeu est presque un dogme, et je plains les pays où les enfants, se croyant mûris avant l'âge, dédaignent de s'amuser ainsi. Il faut s'amuser beaucoup et longtemps, il faut être enfant le plus tard possible, et heureux les hommes qui savent le redevenir quelquefois! Heureuses, en tous cas, les maisons bruyantes, bien saccagées par de petits drôles qui ne se contentent pas des jeux tranquilles, inventés, ce semble, pour engourdir la jeunesse, qui ont besoin de sauter, de crier, de dépenser leur excès de force et de vie!

S'il est un âge gracieux entre tous et qui plus que tous ait besoin d'être jeune, c'est celui où l'enfance devient adolescence [1] : transition délicieuse à laquelle la famille assiste avec joie. Il semble que le foyer s'illumine à ces clartés du matin. On ne saurait croire ce que le jeune homme, ce que la jeune fille mettent alors de vie dans la maison. La candeur de l'enfance

[1] On sait le vers de l'Arioste :

Trà Giovane e fanciullo età confine.

est encore là ; et déjà les cœurs s'ouvrent à des émotions nouvelles ; des pensées d'avenir se découvrent, des horizons dorés se font entrevoir. En même temps, les perspectives sérieuses s'annoncent, des devoirs plus difficiles vont réclamer de plus énergiques efforts, la virilité s'avance. Et tout cela est bon, parce que tout cela est sain, parce que tout cela est jeune. « Les premiers jours du printemps, écrivait Vauvenargues, ont moins de grâce que la vertu naissante d'un jeune homme. »

Oui, la jeunesse est gracieuse, la jeune vertu est gracieuse ; il y a entre la jeunesse et la grâce une alliance naturelle que notre devoir est de maintenir. Lorsqu'elle subsiste, la maison entière s'en ressent; les fenêtres, dirait-on, se sont ouvertes au beau soleil ; et les rayons y entrent, avec les abeilles, avec les murmures du dehors ; un souffle puissant et doux la parcourt.

Comment décrire tout le bien que les jeunes gens nous font lorsqu'ils sont jeunes? S'ils reçoivent beaucoup de nous, ils nous donnent beaucoup aussi. Sans eux point de famille joyeuse. Il nous faut ce bruit, ce mouvement; il nous faut, à nous, la génération qui s'en va, le contact de la génération qui arrive.

Que se passe-t-il alors? Quelles pensées fortifiantes nos jeunes gens introduisent-ils chez nous? Que nous apportent-ils, en un mot?

Ils nous apportent leur inexpérience. Nous avons peu d'illusions, trop peu; ils ont toutes les leurs.

Nous jugeons sévèrement les hommes; nous sommes tentés de nous méfier, tentation mauvaise et qui rend injuste. Eux, ils croient naïvement au bien, et ils sont par là même plus près de la vérité que nous.

Nous jugeons souvent les choses dans un esprit irrité et morose: après beaucoup de déceptions, nous sommes disposés à espérer très-peu; les plus nobles entreprises, les œuvres les meilleures, les causes les plus saintes ne nous inspirent peut-être qu'un médiocre enthousiasme; nous n'attendons point de victoires, nous pensons que le mal a toujour ici-bas plus de chances que le bien. Eux, ils comptent sur le succès, ils ne doutent pas de la puissance de la vérité, ils ont foi en la justice. Ils ont la générosité, ils ont le don de se dévouer et de se confier, ils ont l'élan, l'absence du calcul. Il fait bon voir ces aimables et sérieux visages tournés vers l'avenir. Auprès d'eux nous apprenons quelque chose, nous nous rapprochons de la vérité vraie, qui n'est jamais du côté des découragés et des mécontents. En vain chercherions-nous à les retenir, à les refroidir, à les détourner des devoirs périlleux; leur ardeur l'emporte, ils ne se laissent pas condamner à l'impuissance.

Et cette séve de jeunesse se communique d'eux à nous, elle circule dans la maison tout entière.

Notre charité s'est réchauffée. Notre première pensée à l'aspect du pauvre n'est plus de nous rappeler les fraudes dont nous avons été victimes; si nous écoutons encore la prudence, nous écoutons aussi le cri du cœur; ne sont-ils pas là, nos jeunes gens, pour s'attendrir, pour nous presser, pour nous ramener à la bienfaisance joyeuse et confiante?

La prudence est bonne, mais l'élan est bon aussi, et c'est à cause de cela que Dieu a créé la famille, qu'il a mis ensemble les jeunes et les vieux. Les jeunes, quand ils sont jeunes, apportent aux vieux leur immense capacité de bonheur. Être heureux c'est rare, et pourtant nous sommes appelés à cela. Supprimez les jeunes gens, qui saura jouir assez et des lectures, et des promenades, et de la nature? Qui découvrira des livres magnifiques, des récits palpitant d'intérêt? Qui aura des fanatismes littéraires ou artistiques? Qui combinera avec des émotions infinies une partie de plaisir ou un voyage? Plus tard, les habitudes critiques ont fait leur œuvre : on a trop de goût pour beaucoup jouir, on voit trop le côté faible des livres et des tableaux, on sent trop les inconvénients des plaisirs et les fatigues des déplacements; on s'inquiète trop des incidents, cette source toujours renaissante de gaie surprise et d'émotion palpitante pour ceux qui ont moins vécu.

Les épîtres de l'apôtre Jean renferment une parole plusieurs fois répétée qui étonne à première vue : « Jeunes gens, vous êtes forts. » — La force est l'attribut des jeunes gens; leur mission est d'être forts, de manifester la vie dans sa plénitude et dans sa vaillante exubérance.

Or, elle ne se manifeste ainsi que lorsque ces deux grandes choses, la foi et la jeunesse, se rencontrent au fond du même cœur. La foi, chez les hommes faits, a d'autres caractères; chez l'homme jeune, elle se revêt de vigueur et souvent d'héroïsme.

Alors apparaissent ces saintes charités qui ne connaissent pas le doute, qui fondent les glaces autour d'elles, qui font plus de bien par la chaleur qu'elles répandent que par l'argent qu'elles distribuent, qui donnent gaîment, qui sentent qu'il y a plus de bonheur à donner qu'à recevoir. Alors apparaissent ces convictions entières, absolues, si l'on veut, mais puissantes, qui espèrent beaucoup, qui ne se contentent pas de choses médiocres et qui soulèvent les montagnes.

Les vastes ambitions de la jeunesse ne sont nullement plus folles, je ne me fatigue pas de le répéter, que les lassitudes résignées de l'âge mûr. Nous nous trompons, nous, à notre manière; ils se trompent à la leur. Près de nous ils apprennent la sagesse et le bon sens, près d'eux nous retrouvons nos enthousiasmes d'autrefois. Il y a profit pour tout le monde.

« Jeunes gens, vous êtes forts. » Oui, voilà votre rôle. Soyez forts; sachez vouloir, sachez agir, sachez gravir les pentes et arriver aux sommets. Arrière les lâchetés! Ne consentez pas à fléchir devant l'opinion ou devant le nombre. Vous êtes forts; aimez la vérité, surtout la vérité vaincue. Vous êtes forts; soyez volontiers du parti des faibles.

La famille a besoin de ces âmes en vie et en mouvement. Il leur est permis de manquer souvent de sens commun, jamais de jeunesse.

Qu'ils soient absurdes, j'y consens. Je n'ai jamais pu me scandaliser à la vue d'un jeune homme déraisonnable, même alors que ses opinions, toujours professées à outrance, blessaient le plus vivement les miennes, je me rassurais en sentant battre son cœur. J'en connais qui se croient très-sceptiques et qui, je l'espère, ne le seront pas longtemps; ils aspirent aux choses grandes, ils ont de l'enthousiasme et du courage à revendre, ils se jettent tête baissée du côté où leur semblent être les intérêts de la justice et de l'humanité; la poésie, l'art, la science, la liberté les font tressaillir; il y a en eux comme un perpétuel *en avant* qui les emporte. Eh bien, cette fougue généreuse saura trouver sa route, la bonne route, la route qui monte; ces besoins profonds, ces soifs ardentes ne parviendront à se satisfaire que lorsqu'ils auront rencontré l'Évangile. Entre ces audacieux et la parole d'amour, de dévouement, de vérité, de progrès, de liberté, une rencontre se fera un jour. Le jour où l'orgueil juvénile se brisera, où la conscience tragique du péché sera éveillée, une voix divine leur dira des choses que les languissants et les blasés ne comprendront jamais aussi bien qu'eux.

Il ne messied pas aux jeunes gens d'être un peu fous en politique; j'aime à les voir libéraux jusqu'au radicalisme et prêts à immoler des hécatombes de tyrans. Leurs adorations littéraires manqueront de mesure et de goût; le beau malheur! Le goût s'acquiert, la mesure aussi; la faculté d'admiration ne s'acquiert pas.

Faculté d'admirer, faculté de s'indigner, deux des forces, deux des grâces de la jeunesse. A force de devenir gens de mesure et de goût, à force d apprendre le *rien de trop* du poëte antique, nous devenons incapables d'applaudir des deux mains à ce qui est beau, de maudire ce qui est infâme. Nous avons des réserves toutes prêtes pour tempérer nos sentiments. Grâce à Dieu, on rencontre quelques jeunes gens, par-ci par-là, qui ont de beaux fanatismes et de belles colères!

Quand je me reporte aux années de ma vie d'étudiant, le souvenir de nos fureurs littéraires se représente à moi. Nous étions romantiques, et romantiques enragés; la préface de Cromwell était notre profession de foi; nous comprenions qu'on pût casser la tête aux misérables qui sifflaient Hernani. J'aime encore Hernani, mais je ne voudrais casser la tête à personne. Moins exclusif parce que je suis moins passionné, je ne signe plus toute la préface de Cromwell et les grands classiques se sont fait place à côté des grands romantiques dans mon admiration. Cependant je ne regrette pas d'avoir été absolu. exclusif, violent; je dirais presque que je ne désavoue rien de mes anciens péchés littéraires. Je suis bien aise d'avoir été jeune; bien plus, je tâche de rester jeune le plus que je puis.

Je ne sais pas quelles sont aujourd'hui les opinions qui dominent au collège. De mon temps, nous étions pour la liberté, et toujours, toujours, pour les vaincus. C'est par là qu'Hector l'emportait chez nous sur Achille et qu'Annibal nous gagnait le cœur. Nous étions les partisans déclarés de Carthage, et quant à Rome, indépendamment de ses victoires, nous ne manquions pas de griefs à son endroit; nous détestions en elle l'incarnation armée de la force et de l'oppression. J'avoue que, sur ce point, je n'ai pas changé d'avis.

Notez que sous nos uniformes battaient des cœurs de citoyens. De tous les plaisirs que nous pouvions goûter dans nos jours de sortie, le plus ardemment souhaité, c'était d'assister à une séance de la Chambre. Heureux ceux qui avaient assez de crédit pour se procurer des billets! Je me souviens d'avoir assisté ainsi plusieurs fois à la discussion d'une loi sur la pêche fluviale. Cela ne vous paraît pas bien palpitant d'intérêt peut-être. ? Eh bien, je ne respirais pas lorsqu'un amendement était mis aux voix. Serait-il adopté ? Le ministère l'avait combattu, la gauche l'appuyait; le centre gauche en particulier (il possédait toutes mes sympathies) avait pris la parole pour le soutenir. Enfin l'amendement passait, la patrie était sauvée.

Je ne rappelle pas ces émotions d'alors pour m'en moquer, tant s'en faut. Les quelques libéraux clairsemés qu'on trouverait encore aujourd'hui en cherchant bien, se sont formés de la sorte. Quant aux collégiens qui ne s'intéressaient pas à la pêche fluviale, j'ai remarqué qu'ils se sont peu intéressés à autre chose depuis, si ce n'est à leurs affaires ou à leur avancement. Ne riez pas ; il y avait un patriotisme de bon aloi au fond de cette émotion qui nous tenait là cloués de longues heures sur les derniers bancs d'une incommode tribune, suivant de l'œil les députés qui avaient mis leurs uniformes et ceux qui couraient les mettre au vestiaire afin d'être en mesure de prendre la parole.

Nos enfants sont plus sages que nous. Si on leur parlait d'employer ainsi leurs jours de congé, beaucoup lèveraient les épaules. Je crois que c'est là un très-grand malheur.

Pourquoi? Parce que ceux-là sont vieux. Nos passions de collége, nos idolâtries littéraires, nos ardeurs politiques étaient, tout comme nos vigoureuses parties de balle, des signes de vie et de jeunesse. Que nos opinions fussent bonnes ou mauvaises, que nos plaisirs fussent bien ou mal choisis, je n'ai pas à m'en inquiéter en ce moment; nous aimions, nous détestions, nous prenions feu, nous vivions, en un mot, et nous étions jeunes.

Aujourd'hui encore, je le reconnais, on rencontre quelques jeunes gens; il est des familles qui se réjouissent aux reflets dorés de ce soleil; elles entendent des éclats de rire, elles assistent à de belles fureurs, elles voient débattre sérieusement des questions incroyables, elles frissonnent, qui sait? à l'ouïe de certaines énormités; puis elles se rassurent en voyant se produire des générosités héroïques, des aspirations grandioses, des délicatesses touchantes, des confiances naïves, des espérances illimitées.

C'est la jeunesse, cela, et il m'a été doux de la décrire; mais les sagesses prématurées, c'est la vieillesse, et me voilà condamné à la décrire aussi.

Vous les avez rencontrés comme moi ces enfants et ces jeunes gens prudents, sensés, contenus, expérimentés, qui semblent avoir déjà pesé dans leurs mains les vaines illusions de la terre. A vingt ans ils en ont soixante. Ils sont revenus de tout; ils redoutent l'enthousiasme, ils sont en garde contre la liberté. Les nobles causes les entraînent rarement, car elles risquent d'agiter le monde, et en vieillards qu'ils sont, ils aspirent au repos. Ils espèrent peu de la vie et se défient de l'avenir; ils n'ont pas foi à la vérité, ou du moins ils savent à merveille que ses chances sont médiocres ici-bas; ils n'attendent rien de grand, ils ne marchent vers aucun idéal. En politique, ils sont stationnaires, quand ils ne sont pas rétrogrades; en littérature, ils sont critiques.

Je me trompe, ils sont critiques en tout, critiques, c'est-à-dire mécontents. Ils se plaignent des hommes, ils se plaignent des choses. Et ils se plaignent aussi de leur destinée; jeunes grognards, ils n'ont pas trouvé dans ce monde la place qui leur convient.

Ainsi ils manquent à l'un de leurs premiers devoirs, celui d'être heureux; ils tournent le dos à la mission que Dieu leur avait préparée au sein de la famille.

Il y a à cela bien des causes, qui ne sont pas à notre gloire. Ces langueurs, ces découragements, ces lassitudes précoces accusent notre indigne mollesse. Nous n'avons pas su élever avec vigueur nos enfants, et maintenant nous avons devant nous des êtres débiles, incapables de s'éprendre des idées et de réagir contre les faits.

Nous avons eu un autre tort : nous avons cédé à la tentation de gémir sans cesse devant nos enfants; nous avons dénigré, nous nous sommes lamentés, nous avons raillé, nos maisons sont devenues des écoles de critique. Nous nous serions proposé de vieillir nos enfants, nous n'aurions pas pu nous y mieux prendre.

Je les plains et, tout en leur rappelant leur devoir, je reconnais que son accomplissement est devenu malaisé. S'ils sont vieux, l'époque est vieille, ils ont eu la triste chance de naître à un mauvais moment. L'histoire est comme l'océan, elle a son flux et son reflux ; malheur à ceux qui viennent à l'heure où les flots se retirent ! Quand j'étais jeune, ils montaient, les vagues du progrès et de la liberté envahissaient le rivage, et nous, nous nous sentions emportés par elles. Nous avions alors quelque chose autour de nous qui nous soutenait : la foi aux grandes causes était dans l'air, les âmes étaient en mouvement. Aujourd'hui, c'est le contraire, les désillusions sont venues, les défaites de l'esprit pèsent sur lui, le libéralisme a rencontré le radicalisme, et à la vue du despotisme d'en bas il s'est demandé si le despotisme d'en haut ne valait pas mieux; des questions qui n'existaient pas pour notre génération se posent pour celle qui est en train de nous succéder.

Voilà son excuse. Elle doute, parce que les événements ont semblé démentir les principes ; elle se défie de la liberté, parce qu'on a fait de la tyrannie en son nom. Voyant venir la grosse tempête démocratique qui se prépare à l'horizon, elle s'est retournée vers ce qui peut la défendre ; menacée par le mouvement, elle s'est mise à adorer le repos ; son ennemi n'étant plus le nôtre, ses aspirations ne sont pas les nôtres non plus, et elle recueille avec soin nos lamentations, pour se dispenser de nous suivre sur la route où nous nous plaignons d'avoir rencontré tant de déceptions.

Ah, je ne lui reproche pas de se tromper, je lui reproche de se tromper mollement. Elle ne met point de jeunesse dans ses erreurs ; elle languit, elle discute, elle examine les doctrines à la loupe, elle a des curiosités d'antiquaire, elle ne met son cœur à rien ; qu'on la laisse en paix, cela lui suffit ; son ambition se borne à suivre le courant, à faire ses affaires, à garder ses aises.

Si l'époque est vieille, ce n'est pas une raison pour que les jeunes gens le soient comme elle. Ils sont précisément chargés de la rajeunir. Qu'ils ne se plaignent d'ailleurs pas trop de leur temps; si certains signes de mort s'y montrent, il y a aussi des symptômes de renouvellement. Nous touchons peut-être à l'une des grandes heures de l'humanité, et les problèmes qui se dresseront devant nos enfants ne sont pas de ceux qu'on résoudra sans jeunesse d'âme et sans vigueur. Quels problèmes! Ce ne sera pas un temps de décadence qui parviendra à trouver le mot de telles énigmes. Avez-vous vu l'autre jour le tableau d'Œdipe? Le Sphinx s'est élancé à sa poitrine, il cherche à l'effrayer, à le fasciner; si le héros faiblit, des griffes hideuses le déchireront. Mais Œdipe est là, calme et beau; la victoire se lit déjà sur ses nobles traits; il trouvera le mot, il le faut; devant cette jeunesse héroïque le monstre doit succomber.

Les monstres succomberont devant nos fils, si nos fils sont jeunes, si l'on peut dire en parlant d'eux : « Jeunes gens, vous êtes forts. » Alors ils sentiront, c'est la loi commune, les griffes aiguës des questions s'enfoncer dans leur chair; l'ennemi se dressera contre eux, il les attaquera de près, face à face, ils sentiront passer son souffle sur leur visage; n'importe, leur force l'emportera; « jeunes gens, vous êtes forts. »

Je le leur mets sur la conscience. L'avenir de la société, l'avenir de la famille sont dans leurs mains. Qu'ils redeviennent jeunes, et tout est sauvé; qu'ils retrouvent des convictions, des enthousiasmes, des indignations, des joies, et ce qui fléchit se relèvera. C'est leur devoir d'amener de la jeunesse dans la famille; j'en appelle au devoir; il ne faut pas qu'aucun de nos enfants se croie excusable, s'il se tient là, près du foyer, morne, découragé, maussade, oubliant de faire effort sur lui-même, refusant de s'intéresser à quoi que ce soit.

Et maintenant, faisons un pas de plus. Nous sommes entrés dans la famille par la grande porte, celle du devoir, et nous avons commencé à la voir telle qu'elle est. En continuant à suivre la même voie, nous nous écarterons sans doute des méthodes reçues et nous révolutionnerons un peu le programme qui règle d'ordinaire les études sur la famille; mais cela nous est bien égal : pourvu que nous nous mettions en contact avec la vie, nous serons contents; la famille vivante, voilà ce que nous cherchons.

Nous l'avons rencontrée en examinant les devoirs spéciaux et professionnels en quelque sorte, ceux des époux, des parents, des enfants; nous allons la rencontrer encore en considérant les devoirs généraux, ceux qu'ont à remplir également tous les membres de la famille.

FIN DU TOME PREMIER

TABLE

INTRODUCTION 1

PREMIÈRE PARTIE

CE QU'EST LA FAMILLE

CHAP. I. La Famille. 3
II. Le Couple. 15
III. La Femme. 51

DEUXIÈME PARTIE

DEVOIRS PARTICULIERS DES MEMBRES DE LA FAMILLE

CHAP. I. Le Devoir et la Famille. 71
II. Les Devoirs des époux. 77
III. Les Devoirs du père et de la mère. 145
IV. Les Devoirs des enfants. 298

Poissy. — Typ. S. LEJAY ET Cie.

MICHEL LÉVY FRÈRES, ÉDITEURS

OUVRAGES

DE

M. LE Cte A. DE GASPARIN

UN GRAND PEUPLE QUI SE RELÈVE, 2e édition. Un vol. grand in-18.

L'AMÉRIQUE DEVANT L'EUROPE. — PRINCIPES ET INTÉRÊTS. Un vol. in-8.

LE BONHEUR, 4e édition. Un vol. gr. in-18.

L'ÉGALITÉ, 2e édition. Un vol. gr. in-18.

LA FAMILLE, ses devoirs, ses joies et ses douleurs, 6e édition. Deux vol. gr. in-18.

LA FRANCE, nos fautes, nos périls, notre avenir. Deux vol. gr. in-18.

LA LIBERTÉ MORALE, 2e édition. Deux vol. gr. in-18.

LA DÉCLARATION DE GUERRE, 2e édition. Brochure.

LA RÉPUBLIQUE NEUTRE D'ALSACE, 2e édition. Brochure.

APPEL AU PATRIOTISME ET AU BON SENS. Brochure.

LES RÉCLAMATIONS DES FEMMES. Brochure.

CLICH … ières, 12.

www.ingramcontent.com/pod-product-compliance
Ingram Content Group UK Ltd.
Pitfield, Milton Keynes, MK11 3LW, UK
UKHW012008240726
13965UKWH00001B/231